당신이 자는 동안
잠재의식이 대신 일하게 하라

NERU DAKE DE YUME GA KANAU SHIGOTOJYUTU

© TAKAYOSHI NAKAI 2006

Originally published in Japan in 2006 by ASUKA PUBLISHING INC.

Korean translation rights arranged through TOHAN CORPORATION, TOKYO.,

and YU RI JANG LITERARY AGENCY, SEOUL.

자는 시간을 줄여 일하는 미련한 습관은 버려라!

당신이 자는 동안 잠재의식이 대신 일하게 하라

나카이 다카요시 지음 | 윤혜림 옮김

I can do

전나무숲

자는 동안
당신의 꿈과 목표가 이루어진다!

만약 한잠도 자지 않고 기계처럼 계속 일만 한다면?

물론 상당한 양의 일을 해낼 수 있을 것이다. 그러나 인간을 비롯한 고등생물은 잠을 자지 않고서는 살 수가 없다. 수면 시간을 줄이는 데는 한계가 있다는 뜻이다. 그런데 매일 충분히 잠을 자면서도 업무를 척척 처리할 수 있다면 어떨까? 그것도 자는 동안에 말이다. 그 일이 가능하기만 하다면 잠을 줄여 일하는 것보다 훨씬 바람직한 방법임에 틀림이 없다.

'사람은 인생의 3분의 1을 잠으로 보낸다.' 우리가 살아가는 동안 반드시 필요한 잠. 왜 사람은 잠을 자야 하는 것일까? 그리고 잠자는 동안 우리 신체 안에서는 도대체 무슨 일이 벌어지는 것일까?

나는 지금까지 모두 6개 회사의 사장을 맡으면서 같은 시기에 50가지나 되는 공직을 수행했다. 시간 관리 면에서는 달인인 셈이다. 그러다 보니 "나카이 씨는 도대체 언제 주무십니까?"라거나 "나카이 씨도 나폴레옹처럼 하루에 3시간밖에 안 주무시나요?"와 같은 질문을 많이 받는다. 모두들 바쁜 업무를 처리하는 방법은 오직 수면 시간을 줄이는 길밖에 없다고 생각하는 모양이다. 그러나 미안하게도 난 보통 밤 12시에 자서 아침 7시 30분에 일어난다. **하루에 7시간 30분을 자는 셈이다.**

이 책에서는 먼저 수면과 기억, 그리고 학습의 메커니즘에 대해 설명할 것이다. 이 메커니즘을 최대한 활용하려면, 잠들기 전 잠재의식이라고 하는 마술 램프를 문지르는 훈련을 해야 한다. 이 훈련을 통해 당신이 잠자면서 업무를 처리하고, 더 나아가 꿈과 목표를 이룰 수 있는 구체적인 실천 기법을 제공하려고 한다. 이것은 내가 10년 넘게 연구하고 스스로 실천해 온 방법들이다.

그런데 강연회나 세미나에서 늘 그래 왔듯, 여기서도 미리 밝혀 두

어야 할 것이 한 가지 있다. 나는 심리학과 대뇌생리학에 흥미를 갖고 내 나름대로의 다양한 방법으로 이를 학습해 왔지만, 결코 학자는 아니라는 점이다.

이 책에서는 인간의 '뇌'와 '정신'의 메커니즘을 '뇌 과학'과 '심리학'이라는 두 가지 관점으로 설명한다. 두 가지 모두 인간의 본질에 관련된 중요한 요소지만, 얼핏 들으면 서로 다른 말을 하는 것처럼 들릴 수 있다. 예를 들어 보자. 당신은 이제 막 골프를 배우기 시작한 초보다. 스윙 연습을 하고 있을 때 코치가 다가오더니 체중의 중심 이동에 대해 설명을 한다. "(오른손잡이의 경우) 왼쪽에 벽을 쌓는 듯한 느낌으로 클럽을 휘두르세요"라고 가르친다. 그러더니 이번에는 다른 코치가 와서 "오른쪽 어깨를 끝까지 남겨 둔다고 생각하면서 클럽을 휘두르세요"라고 한다. 초보자에게는 얼핏 정반대로 들리는 이야기다. 내용의 요점은, 스윙을 할 때 체중이 가진 에너지를 공에 실기 위해 체중을 '중앙 → 오른쪽 → 중앙 → 왼쪽'으로 이동하라는 것이므로, 사실 **두 가지 표현 모두 옳다.** 그래도 초보자에게는 여전히 정반대의 이론으로 느껴진다. 어찌되었건 제대로 된 스윙만 할 수 있다면, 어느 쪽이건 자신이 이해하기 쉬운 쪽의 표현을 고르면 된다.

이 책에서는, 내 경험과 이를 통해 얻은 노하우를 많은 사람에게 좀 더 알기 쉽게 전달할 목적으로 사실을 나름대로 변형해서 표현한 경우가 많다. 그러다 보니 과학적으로 엄밀히 따졌을 때 오류가 있는 문장이 있을 수 있다. 또는 지나치게 과장되거나 극단적인 내용도 눈에 띌지 모른다. 하지만 관대하게 넘어가 주기 바란다.

무엇보다 중요한 것은, 당신이 이 책을 읽고 깨달은 것을 행동으로 옮겨 행복하고 성공한 인생을 보내는 것이다.

이 책의 효율적인 사용법을 일러둔다. 먼저 처음부터 끝까지 한 번 쭉 훑듯 읽는다. 그러고 나서 '제4장의 수면 레시피'와 '제5장의 잠자면서 나를 새롭게 바꾼다'에서 당신에게 필요한 수면 레시피와 실천 기법을 다시 한번 찬찬히 읽고 실천한다. 한 번에 여러 기법을 실행하다 보면 혼란이 올 수 있다. 실천 기법을 완벽하게 익히기 전까지는 한두 가지 정도에 만족하는 것이 바람직하다. 조바심을 내지 않아도 마술 램프를 제대로 사용하는 요령만 파악하면, 누구나 여러 기법을 동시에 실천할 수 있다.

오늘 밤부터 당장 시작하자. 잠들기 전 5분 동안 '마술 램프'를 문지르는 것이다. 수면의 메커니즘을 최대한 활용하여, 잠자면서 척척 일을 해결할 수 있다면, 당신은 머지않아 많은 꿈과 목표를 이루어, 행복과 성공을 누릴 수 있을 것이다.

차 례

Dreaming **01**

잠을 줄여 일하는 습관을 버려라

Dreaming 06

일과 인생의 활력을 높이는 수면의 기술

Dreaming **01**

잠을 줄여 일하는
습관을 버려라

1 자면서 업무를 처리하는
수면의 기술

내가 개최하는 세미나에서는 잠재의식을 활용하여 꿈과 목표를 실현하고, 업무의 효율화를 꾀하는 많은 종류의 실천법을 제공한다. 그런데 그 실천법들을 실행하는 데 반드시 지켜야 할 절대조건이 한 가지 있다. **하루에 적어도 6시간의 수면**을 취하라는 것이다.

뒤에서 자세히 설명하겠지만, 기억의 정리 및 성장 그리고 학습의 정착은 수면과 매우 밀접한 관련이 있다. 6시간을 강조하는 이유는, 바로 그러한 작업이 최소한 6시간 정도는 걸리기 때문이다. 세미나 마지막의 질의응답 코너에서 매번 빠지지 않고 등장하는 질문도 바로 이 6시간 수면에 관한 것이다.

세미나에 참가하는 분들은 대부분 직업이 있고, 하루하루 분주하게 생활하는 분들이다. 그분들의 대표적인 질문은 "지금 이 일을 하는 동안에는 아무리 애를 써도 5시간 이상은 잘 수가 없습니다. 이럴 때는 어떻게 하면 좋지요?"라거나 "한 번에 6시간은 아무래도 무리라서요. 두 번으로 나누어서 자도 괜찮을까요?" 등이다. 물론 수면 시간에는 개인차가 있다. 뒤에서 설명하겠지만, 5시간에 논렘수면과 렘수면의 주기가 4회 일어나는 경우라면, 5시간의 수면으로도 문제는 없다. 그러나 수면 시간만큼 수면의 질 또한 중요하기 때문에, 절대적인 것은 아니지만 표준적으로 6시간 이상의 수면을 권하는 것이다.

그런데 내가 세미나를 통해 알려 주려는 것은 '5시간 수면과 6시간 수면 중에 어느 쪽이 좋은지'가 아니다. 하루에 수면 시간을 5시간밖에 낼 수 없는 사람이 만약 6시간을 수면에 사용한다고 해도, 그 6시간의 수면을 취하면서 잠재의식을 이용하여 업무를 처리한다면,

'수면 5시간 － 수면 6시간 ＝ 업무 (－)1시간'이 아니라

'업무 처리를 겸한 수면 6시간 － (수면 6시간 － 수면 5시간) ＝

업무 (＋) 5시간'이 생긴다는 것이다.

그렇다. 마술 램프(잠재의식)의 힘을 제대로 활용하는 요령을 알고 실천한다면, 당신이 잠든 사이에 원하는 업무가 해결될 것이다. 그야말로 수면 시간을 효율적으로 활용하는 최상의 시간 관리법이라고 할 수 있다. 어떤가? 이 정도라면 바로 오늘부터 실천에 옮겨 볼 만하지 않은가?

2 그래도 잠을 줄여 일할 생각인가?

시간을 짜내기 위해 당신은 무엇을 희생하는가?

이 책을 위해 많은 도움말을 주신 도쿄 대학의 뇌 과학자 이케가야 유지 선생은 자신의 저서 『뇌는 무언가 변명을 한다脳はなにかと言い訳する』에서 다음과 같이 말하고 있다.

이렇게 바쁜데도 할 일은 끊임없이 밀려든다. 그렇다면 당신은 무엇을 희생해서 시간을 짜낼 생각인가?

직장인을 대상으로 이 같은 설문조사를 했다. 압도적으로 많은 대답이 '수면 시간을 줄인다'였고, 그 다음이 '식사를 거른다'였다. 일을 위해서라면 내 한 몸 기꺼이 희생하겠다는 비즈니스맨들의 참모습을 그대로 보여 주는 조사 결과다.

자, 그렇다면 현실적으로 따져 보자. 자신의 건강을 해칠 정도로 많은 시간을 업무에 투입한다면, 업무 효율은 실제로 높아져야 당연하다. 그러나 과연 그럴까?

2003년 11월 영국의 과학 전문 잡지 〈네이처〉에 게재된 킴벌리 펜 박사와 매튜 워커 박사의 두 편의 논문은 함부로 수면 시간을 줄이는 것에 대해 경고를 보내고 있다. 논문의 결론부터 말하면 다음과 같다. "수면 역시 학습의 일부이며 업무 효율을 높이는 기능을 한다."

내용을 좀 더 자세히 알아보자. 펜 박사는 부정확한 발음을 듣고 원래의 정확한 단어를 알아맞히는 청취 실험을 실시했다. 처음에는 누구나 쩔쩔맸지만 1시간 정도의 학습으로 정답률은 급격히 높아졌다. 물론 학습을 중단하면 성적은 당장 떨어지고 만다. 예를 들어 아침에 1시간밖에 학습하지 않았더니 그날 밤에는 정답률이 3분의 1까지 떨어졌다. 물론 신기한 일은 아니다. 시간이 흐르면 기억은 흐려지게 마련이니 말이다.

그런데 이 실험에서 놀랄 만한 결과가 나타났다. 그렇게 떨어졌던

성적이 이튿날 아침 본 재시험에서는 3분의 2 정도까지 회복되었던 것이다. 이 효과는 충분한 수면을 취한 사람에게서만 나타났다. 수면은 잊고 있던 정보를 되살려서 기억을 보강하는 효과가 있다는 것이 증명된 것이다.

수면 중에 기억이 '재생'된다는 사실은 잘 알려져 있다. 자면서 꾸는 '꿈'이 바로 그것이다. 최근의 연구 결과를 통해 꿈에서 보는 스토리는 현실의 시간 스케일보다 훨씬 빠른 속도로 재현된다는 사실이 밝혀졌다. 뇌 과학자들은 자면서 꾸는 꿈이 기억을 강화하는 중요한 요소로 작용한다고 보고 있다.

그렇다. 수면 시간을 줄이면 학습 효과가 떨어진다. 펜 박사가 말한 것처럼 수면은 업무 효율을 높이는 학습의 일부이기 때문이다. 업무 성과를 올리려면 수면 시간을 줄이기보다 6시간 이상 충분히 자는 양질의 수면이 더 중요하다는 사실을 뇌 과학자들이 증명한 것이다.

이래도 당신은 잠잘 시간을 줄여 가며 일할 생각인가?

3 일과 인생의 균형을 생각하라

당신의 마술 램프(잠재의식)는 당신이 소망하고 추구하는 것이라면 그 무엇이라도 기꺼이 들어줄 것이다. 그러나 제아무리 마술 램프라 할지라도 지금 당장 모든 꿈과 목표를 이루어 줄 수는 없다. 내용에 따라서는 실현되기까지 몇 년이나 걸리는 것도 있다. 그렇다면 '꿈과 목표를 한 가지라도 더 많이 이루고 싶다'는 당신에게 앞으로 남은 시간은 어느 정도일까?

당신이 지금 30살이라고 하자. 그리고 60살에 직장을 그만두려고 생각하고 있다면 남은 업무 기간은 30년이다. 과연 충분한 시간일까?

태어나서 지금까지의 시간과 똑같은 양의 시간밖에 남아 있지 않은 셈이다. 지금까지 앞만 보고 달려온 당신의 인생에서 30년이란 세월은 아마도 눈 깜짝할 사이에 지나갔을 것이다. 그리고 지금 당신에게는 그 **눈 깜짝할 사이의 시간이 한 번 더 남아 있을 뿐이다.**

게다가 당신에게 남은 30년이라는 시간도 모두 자유롭게 사용할수 있는 것은 아니다. 인간은 잠을 자야 살 수 있는 존재이기 때문에 **'인생의 3분의 1은 잠으로 보낸다.'** 그래서 매일 8시간의 수면을 취하는 사람이라면 '앞으로 남은 햇수×2/3'의 시간, 즉 실질적으로 자유롭게쓸 수 있는 시간은 20년밖에 되지 않는 셈이다. 매일 6시간의 수면을 취한다고 해도 '남은 햇수×3/4', 즉 22.5년의 시간밖에 활용할 수 없다. 또한 적극적으로 시간을 이용하는 데 필요한 체력 역시 나이가 들수록 떨어질 것이다.

문득 두려운 생각이 들지도 모르겠다.

앞으로 내 인생에 남아 있는 시간 동안, 과연 나는 얼마나 많은 꿈과 목표를 이룰 수 있을까?

당신에게 주어진 시간은 과연 충분한지 다음 질문을 통해 확인해보자. 질문에 대한 답으로 당신의 나이와 남은 업무 기간, 기분 등을적어 본다.

질문 01 당신에게 남은 시간은 충분합니까?

1. 당신은 현재 몇 세입니까?

> 세

2. 당신은 몇 세에 직장을 그만둘 예정입니까?

> 세

3. 퇴직할 때까지 앞으로 몇 년 정도 남아 있습니까? (2)-(1)

> 년

4. 수면 시간은 하루 평균 몇 시간입니까?

> 시간

5. 수면 시간을 제외하고 자유롭게 쓸 수 있는 시간을 계산합니다.

3 ☐ 년 × 4 ☐ 시간 / 24시간 = ☐ 년

예) 만약 당신이 현재 30세이고 하루 평균 6시간 잠을 자며 60세에 퇴직할 예정인 경우 (**60년 - 30년**)×**6시간 / 24시간** = **22.5년**이 된다.
이것이 당신이 지금부터 퇴직할 때까지 자유롭게 쓸 수 있는 시간이다. 이 22.5년이라는 시간을 보며 당신은 어떤 생각이 드는가? 솔직한 느낌을 적어 본다.

남은 시간에 대해 불안하지 않습니까?

퇴직할 때까지 자유롭게 쓸 수 있는 시간을 확인하고, 지금부터 퇴직할 때까지의 '시간에 관한 불안'을 적어 본다. 어떤 내용이라도 좋다.

예) 퇴직까지 앞으로 (   )년밖에 남지 않았다.
앞으로 (   )년 안에 얼마만큼 성공할 수 있을까?
이렇게 짧은 시간에 지금 하는 일을 과연 어느 정도까지 발전시킬 수 있을까?
얼마 남지 않은 시간 동안 과연 내 인생의 목표인 ○○를 이룰 수 있을까?

Dreaming **02**

인간은 왜
잠을 자는가?

1 수면의
역할

인간은 잠을 자지 않으면 살 수 없다.

잠이란 본래 무엇 때문에 있는 것일까?

잠자는 동안 우리 신체에서는 무슨 일이 벌어지고 있을까?

현대의 고도로 발전된 과학의 힘으로도 인간의 신체나 뇌의 구조를 완전히 밝히지는 못하고 있다. 아직까지 **인간의 '의식'에 대한 해석이나 정의에 대해 뇌 과학자들 사이에서조차 공통된 의견이 없는 상태다.** 뇌를 가진 대부분의 생물에서 수면이라는 현상이 나타나지만, 그 기능 역시 명백하게 해명된 것은 아니다.

현대 과학에서 말하는 수면의 역할은 크게 나누어 다음과 같다.

① 신체의 피로회복 · 세포의 신진대사

수면 중에는 성장호르몬이 분비되고, 낮 동안 소멸된 세포의 수복과 재생이 이루어지며, 근육과 내장도 수복되어 피로를 회복한다.

② 뇌의 과열 방지

뇌는 매우 많은 에너지를 소비하는데, 그때 열이 발생된다. 뇌가 과열되어 뇌세포가 손상을 입지 않도록 수면 중에 정기적으로 뇌의 상태를 바꾼다.

③ 면역력 강화

수면은 질병을 일으키는 바이러스 등으로부터 우리 신체를 지키는 면역력을 높인다.

④ 생체시계에 의한 생리주기의 재설정

수면 중 인간의 생체시계는 자연계의 환경에 맞추어 생활리듬과 체온을 조절한다.

⑤ 기억의 정리 · 보존과 학습의 정착

수면 중에는, 깨어 있을 때 오감을 통해 얻은 다양한 정보를 정리하여 장기 기억으로 저장하거나 학습한 내용을 정착시킨다.

이 책에서는 잠자는 동안 업무를 처리하고 꿈과 목표를 이루는 데 초점을 맞추어, 수면의 역할 중에서 주로 '⑤ 기억의 정리 · 보존과 학습의 정착'에 대해 설명할 것이다. 더불어 이 메커니즘을 효과적으로 활용하는 실천 기법을 소개하려 한다.

기억의 정리 · 보존과 학습의 정착이라는 수면의 역할을 극대화하려면, 무엇보다 양질의 수면이 필요하다. 물론 그 밖의 수면의 역할인 ①~④의 항목도 간과해서는 안 된다. 인간의 신체는 각 기관이 유기적으로 결합되어 이루어진 하나의 생명체이므로 '학습의 정착' 같은 한 가지 목적을 위해 특정 기관만 강화하기가 매우 어렵기 때문이다.

2 렘수면과 논렘수면

수면은 '렘수면(REM Sleep)'과 '논렘수면(Non-REM Sleep)'이라는 두 종류의 상태로 크게 나눌 수 있다.

렘수면의 렘(REM)이란 'Rapid Eye Movement(급속 안구 운동)'의 약어로, 수면 중에 눈꺼풀 아래에서 안구가 활발하게 움직이고 있는 상태를 말한다. 렘수면은 1953년에 시카고 대학의 연구원이었던 유진 아제린스키가 자신의 아들을 피험자로 하여 실시한 실험에서 발견되었다. **지금 누군가 옆에서 자고 있다면 얼굴을 한번 살펴보자. 혹시 안구가 눈꺼풀 속에서 이리저리 움직이고 있지는 않은지?**

렘수면 중에는 안구뿐만 아니라 손발도 이따금 움찔거리는 경우가 있다. 그러나 근육이 완전히 이완된 상태라서 기본적으로는 움직일 수가 없다. 신체는 축 처져 있고 힘이 빠져 있지만, 뇌는 각성에 가까운 상태다. 또한 생리적으로는 흥분상태라서 호흡이나 혈압이 불규칙하고 심박수도 증가한다.

렘수면은 파충류에서는 볼 수 없고 포유류 및 일부의 조류에서 나타나기 때문에, 진화된 수면 상태로 볼 수 있다. 인간의 경우는 태아기부터 렘수면이 나타난다. 신생아는 수면의 약 반이 렘수면이며, 만 4세가 될 무렵까지 그 비율이 점차로 줄어들다가 건강한 성인의 렘수면 비율인 20~25%로 안정된다. 중년이 되면 다시 렘수면이 줄기 시작하고, 노년기가 되면 수면 시간의 15%가 채 안 되는 정도에 이른다.

논렘수면은 렘수면 이외의 수면 상태를 가리킨다. 논렘수면 중에는, 깨어 있을 때보다 근육이 이완되어 호흡이나 심박수가 느려지고 혈압이 낮아진다. 쉽게 말해 '잠이 푹 들어 있는 상태'다.

수면은 그 깊이에 따라 4단계로 나누어진다.

수면의 깊이	뇌파의 상태
제1단계 : 꾸벅꾸벅 조는 상태	알파파 (α파)
제2단계 : 얕은 논렘수면	세타파 (θ파)
제3단계 : 중간 정도의 논렘수면	델타파 (δ파)
제4단계 : 깊은 논렘수면	델타파 (δ파)

제3단계의 중간 정도의 논렘수면에서 제4단계의 깊은 논렘수면에 이르는 수면 단계를 '서파(slow wave sleep) 수면'이라고 한다. 잠꼬대는 모든 수면 단계에서 나타날 수 있지만, 몽유병 때문에 여기저기 돌아다니는 것은 서파 수면 단계에서 일어난다. 또 서파 수면 중에는 성장 호르몬의 분비가 활발해진다.

입면상태에서 최초의 렘수면에 들어가기 위해서는 보통 50~70분 정도가 걸리며, 그 후로는 약 90분마다 렘수면이 반복된다. 수면의 전반부에는 서파 수면(제3단계와 제4단계)이 더 길고, 최초의 렘수면은 5분 정도로 짧지만, 그 다음은 10분 정도가 되고, 점점 더 길어져서 기상 시간이 가까워지면 20~60분 정도까지 길어진다. 이를 모두 더하면 성인의 경우 하룻밤 수면 시간의 1/4은 렘수면, 1/4은 서파 수면, 1/2은 제2단계의 얕은 논렘수면이다.

서파 수면은 건강한 사람의 경우 입면에 들어가서부터 3시간 이내에 집중적으로 나타난다. 따라서 몸의 긴장을 풀고 깊은 양질의 수면과 이를 통한 신체의 피로회복을 도모하기 위해서는, 잠들기 시작해서 처음의 3시간이 중요하다. 낮 동안의 스트레스를 떨쳐 버리지 못한 채 잠이 들거나 근심거리를 골똘히 생각하며 잠을 청하면, 잠든 지 처음 3시간 동안에 충분히 깊은 논렘수면 상태에 이르지 못할 수 있다. 그래서 잠들기 전에는 나름대로의 '잠자리 의식'을 갖거나, 편안하고

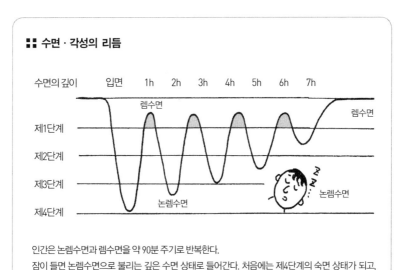

:: 수면 · 각성의 리듬

인간은 논렘수면과 렘수면을 약 90분 주기로 반복한다.
잠이 들면 논렘수면으로 불리는 깊은 수면 상태로 들어간다. 처음에는 제4단계의 숙면 상태가 되고, 잠든 지 약 90~100분이 지나면 렘수면으로 불리는 얕은 수면 상태가 된다. 수면 중에 이 주기가 반복된다. 그림에서처럼 시간이 지남에 따라 논렘수면은 수면의 단계가 얕아지고, 렘수면은 지속 시간이 길어진다.

긍정적인 이미지를 떠올려서 긴장을 푸는 습관을 들이는 것이 좋다.

한편 우리가 흔히 '가위에 눌렸다'고 표현하는 상태가 있다. 이는 렘수면 중에 어떤 이유로 의식은 각성되어 있으나 근육이 이완되어 있어, 자신의 신체를 자신의 의지대로 움직일 수 없기 때문에 일어나는 생리현상이다. 나는 이 가위눌림을 중학교 때 처음으로 경험했다. 그 무렵 마침 라디오를 통해 가위에 눌리는 것은 심령현상이라는 말을 듣고서, 한동안 밤에 잠자리에 드는 일을 두려워했다(웃음). 그 후에도 여행을 가거나 잠자리가 바뀌면 가끔 가위에 눌리는 일이 일어났다. 그때마다 땀으로 등이 흠뻑 젖은 채 불쾌한 기분으로 잠이 깨곤했다.

그러나 사회인이 된 후 책을 통해서 가위에 눌리는 것은 생리현상이며, 결코 심령현상이 아니라는 사실을 알게 되었다. 이후부터는 가위에 눌릴 때마다 '지금은 가위에 눌린 상태니까 이대로 자면 저절로 풀릴 거야'라며 자신을 다독였다. 그러자 다시 깊은 잠에 빠지게 되었고, 언제부터인가 가위에 눌리는 일도 없어지게 되었다.

3 자명종 시계는 90분 단위로 맞춘다

논렘수면과 렘수면은 대략 90분 단위로 교대로 반복된다. '자명종 시계는 90분 단위로 맞추는 것이 좋다'고 하는 것은 바로 이 주기에서 비롯된 것이다. 이를테면 5시간보다는 6시간 후(90분×4세트), 8시간보다는 7시간 30분 후(90분×5세트)에 잠을 깨는 것이 수면의 리듬에 맞는다는 이야기다.

그런데 한 가지 주의할 것이 있다. 이 90분이라는 주기에는 최대 ±20분의 개인차가 있다는 점이다. 만약 4세트의 수면을 취한다면 최대 80분의 오차가 생기게 된다. 그러면 수면 시간은 가장 짧게는 4시간 40분에서 가장 길게는 7시간 20분이 된다. 만약 "책에 써 있는 대로 6시간 후로 자명종 시계를 맞추었는데도 아침에 쉽게 일어나지 못한다"고 하는 사람은 90분이라는 평균적인 단위에 너무 집착하지 말고 먼저 자신의 수면 주기를 알아보는 것이 좋다.

아침에 잠이 깨었을 때 개운한 기분이 들지 않는 데는 또 다른 이유가 있다. 앞에서 말한 것처럼 잠든 후 처음 3시간 동안에 깊은 논렘수면을 취하지 못했던 경우다.

한편 잠이 들기까지의 시간은 사람마다 다르다. 나처럼 잠자리에 들자마자 1분 이내에 잠이 드는 행복한 유형에서부터, 한참을 뒤척이다 겨우 잠이 드는 유형에 이르기까지 매우 다양하다. 그런데 2006년

3월 영국의 과학 전문 잡지 〈네이처〉에 실린 논문에 "반드시 잠이 들지 않더라도 잠자리에 누워서 눈을 감고 편히 쉬기만 해도 수면과 동일한 효과를 얻을 수 있다"는 연구 결과가 보고되었다. 다만, 이때도 수면 중과 마찬가지로 외부의 정보를 차단하지 않으면 효과가 적기 때문에 잠자는 공간의 조명(시각)이나 음악·라디오(청각), TV(시각·청각) 등은 꺼 두는 것이 좋다.

4 생체시계가 수면 리듬을 조정한다

인간은 모두 '생체시계'를 갖고 있다. 생체시계란 수면이나 체온 등을 제어하는 자동조절 장치를 말한다.

생체시계는 대뇌 아래 간뇌의 시상하부에 있는 시교차상핵(suprachiasmatic nucleus, SCN)이라는 곳에 있다. 여기서 시교차란 두 개의 안구에서 뻗어 나온 시신경이 뇌로 들어와서 교차되어 있는 부위이며, 시교차상핵이란 시교차의 바로 위에 자리 잡은 핵이라는 뜻의 작은 뇌 영역을 가리킨다.

고대로부터 우리의 선조는 해가 뜨면 잠이 깨고, 해가 지면 잠이 드는 생활을 해 왔다. 생체시계는 시각에 의해 태양 빛을 감지하여, 하루 동안의 각성과 수면의 리듬을 자동으로 만들어낸다. 덕분에 우리는 매번 시간을 확인하지 않아도 밤이 되면 졸리고, 아침이 밝으면 저절로 눈이 떠진다.

한편 생체시계는 체온이나 식욕을 제어하는 중추인 시상하부로부터 '체온이 떨어졌다' 또는 '체온이 올랐다'거나 '배가 고프다' 또는 '배가 부르다'라는 신호를 전달받는다. 생체시계는 빛의 감지 외에도 이러한 다양한 정보를 바탕으로, 시계 바늘을 빨리 돌리거나 늦추어 가면서 자신의 리듬을 미묘하게 조정하여 하루의 리듬을 만들어낸다.

오랜 기원을 가진 생체시계는 수면의 메커니즘이 완성되기 이전부터 모든 생물에게 하루의 활동과 휴식의 리듬을 지시해왔다. 인간뿐만 아니라 식물이나 단세포 미생물에 이르기까지 대부분의 생물이, 하루 중 어떤 시간대에는 활동을 하고 남은 시간에는 휴식을 하는 일주기(日周期) 리듬을 갖고 있다. 이 리듬을 '서커디언 리듬(circadian rhythm)'이라고 한다. 서커디언(circadian)이란 라틴어의 'circa(약, 대략)'와 'di(하루)'를 합성하여 만든 말이다.

서커디언 리듬은 개인차가 있지만, 하루 평균 약 25시간이라고 알려져 있다. 지구의 자전 주기인 24시간과는 1시간의 차이가 나는 셈이다. 결과적으로 지구의 시계와 다른 길이를 가진 시계가 인간의 유전

자에 살아남아 있는 것이다. 그러나 이것은 1시간 정도의 여유가 있는 편이 자연의 변화에 대응하기 쉽기 때문인 것으로 해석할 수 있다. 예를 들어 계절에 따라 일조시간이 달라지는 외부 세계의 변화에 대응하려면, 시간적인 여유가 있는 편이 더 유리하다.

생체시계는 매일 우리가 자는 동안에 25시간 주기를 자동으로 조절하여 재설정하고, 새로운 하루의 리듬을 만들기 시작한다. 흔히 해외여행을 할 때 처음에는 시차 때문에 곤란을 겪어도, 하루 자고 나면 그 나라의 리듬에 적응하는 것은 바로 이러한 메커니즘 덕분이다.

5 수면 자세로
당신의 성격을 알 수 있다

잠 들었을 때의 자세 그대로 아침에 눈을 뜨는 사람이 과연 있을까? 우리는 보통 자면서 여러 번 자세를 바꾸게 되는데, 수면 자세는 기본적으로 다음의 4가지 유형 중 하나라고 한다. 미국의 정신과 의사인 던켈 박사는 인간의 수면 자세를 정신분석학적으로 해석하고, 수면 자세로 그 사람의 성격까지 알 수 있다고 했다. 당신에게 가장 편안한 수면 자세는 어떤 것인가? 그림을 보면서 확인해 보자.

수면 자세별 성격 판단

① 황제형

위를 보고 누워서 자는 이 자세는 개방적인 성격을 나타낸다. 자신감에 넘쳐 밤에도 낮 동안과 마찬가지로 스스로를 왕이나 여왕쯤으로 생각한다. 이런 유형은 세상을 포용하고, 세상에 무언가 기여할 수 있는 강한 인성의 소유자다.

② 엎드려 자는형

이 자세는 잠자리를 지배하고자 하는 기분을 표현하는 것으로, 일상생활에서도 강박적인 경향을 보인다. 이 유형은 예기치 못한 일이나 기대하지 않았던 일이 발생하는 것을 반기지 않는다. 시간관념이 철저해서 다른 사람이 시간을 어기면 기분이 상하거나 흥분하기도 한다.

③ 태아형

이 자세는 스스로를 자유롭게 놓아 주지 못하고 자신을 보호하려는 욕구를 강하게 나타낸다. 이 유형은 성격적으로 어려운 일을 피하고자 하는 경향이 있어, 새로운 일에 도전하거나 생활을 즐기려는 의지가 적은 편이다.

④ 반태아형

가장 많은 사람들이 취하는 수면 자세다. 오른손잡이는 오른쪽으로, 왼손잡이는 왼쪽으로 누워서 자는 경우가 많다. 또 수면 중에 자세를 바꾸는 횟수가 가장 많은 것도 특징이다. 이 유형은 세상에 잘 적응하며, 어느 한쪽으로 치우치지 않고 균형 감각을 발휘하는 성격을 갖고 있다.

지금의 내 수면 자세는 '황제형'에 속한다. 그렇지만 원래는 가장 흔하다는 '반태아형'이었다. 여기에는 조금 사연이 있다. 27살에 도쿄의 샐러리맨 생활을 접고 교토의 고향 집으로 내려왔을 무렵이다. 우연히 라디오에서 수면 자세에 유형이 있다는 이야기를 듣게 되었다. '난 사장이 되고 싶으니까 이왕이면 황제형이 좋지 않을까? 잘 때만이라도 그렇게 해보자'며 수면 자세를 황제형으로 바꾸려고 의식적으로 애썼다. 처음에는 이 자세가 도무지 익숙하지 않아 잠드는 것이 힘들었지만, 몇 달을 그렇게 자다 보니 이제는 황제형 자세가 아니면 잠이 오지 않는다.

물론 '수면 자세가 바뀌면 성격이 달라진다'는 학설은 아직 들은 적이 없지만(웃음), 내가 그 후 약 15년 동안 6개 기업의 사장과 수많은 단체의 장을 지낸 것을 보면 전혀 근거 없는 말은 아닌 듯싶다.

리더(황제)를 꿈꾼다면, 당신도 오늘 밤부터 '황제형'으로 자 보는 건 어떨까?

인간은 잠자는 동안
성장한다

1 수면과
기억의 관계

이 장에서는 수면의 5가지 주요 역할 중에서 주로 '기억의 정리·보존'과 '학습의 정착'에 대해 알아보려고 한다. 우리는 깨어 있는 동안 오감(시각·청각·촉각·후각·미각)을 사용해서 많은 정보를 받아들인다. 뇌는 이렇게 입력된 다양한 정보를 수면 중에 정리하여 장기 기억으로 보존하고 학습한 것을 정착시킨다.

그런데 **기억의 정체는 도대체 무엇일까?**

기억은 어떠한 메커니즘으로 정리되고 보존되는 것일까?

지금부터 '기억이란 무엇인가?' 그리고 '기억과 수면의 관계'에 대해

개략적으로 살펴보기로 하자. 이 장에서 다루는 내용은 제4장 이후에 소개할 '잠자면서 꿈과 목표를 이루는 실천 기법'을 이해하고 활용하기 위해서도 반드시 알아두어야 한다.

2 기억의 정체는 무엇일까?

뇌 과학에서는 '기억'을 다음과 같이 정의한다.

"기억이란 신경회로의 역학적 움직임을 알고리즘으로 사용하여 시냅스의 연결 강도 공간에 외부의 시공간 정보를 전사하여 입력함으로써 내부 표현이 획득되는 것이다."(이케가야 유지 지음, 『기억력을 강화한다』에서 인용)

이 말을 조금 알기 쉽게 풀어 보자.

기억의 정체는 '새로운 신경회로의 형성'이다. 인간의 뇌 속에는

1000억 개나 되는 신경세포(뉴런)가 있다. 그리고 각각의 뉴런은 신경섬유라는 케이블을 뻗어서 다시 1만 개의 다른 뉴런과 연결되어 있다. 바로 이 점이 뉴런과 다른 세포와의 명백하고 결정적인 차이다. 뉴런은 이 케이블을 이용하여 다른 뉴런과 네트워크를 구성한다. 마치 세포체라는 컴퓨터가 인터넷으로 전 세계의 컴퓨터와 연결되어 있는 이미지다.

뉴런이 만드는 이 네트워크를 '신경회로'라고 한다. 뇌는 이 신경회로를 통해 정보를 관리한다. 그리고 신경회로의 연결 방식에 따라 정보가 어떻게 처리되는지 결정된다. 예를 들어 어떤 사물이나 현상을 '기억하고 있는 상태'와 '기억하고 있지 않은 상태'의 차이는 신경회로의 패턴이 서로 다르다는 것에 있다. 즉 기억한다는 것은 뉴런의 연결 방식이 변한다는 것이다. 그렇다면 신경회로의 변화가 바로 **기억의 정체**다.

기억은 뇌에서 신경회로에 저장되는데, 이때 같은 뉴런이 다른 기억에도 사용된다. 하나의 신경회로에 하나의 기억밖에 저장되지 않는다면, 기억의 용량이 상당히 제한되기 때문이다. 뇌는 뉴런을 중복 사용함으로써 신경회로에 많은 기억을 저장한다. 그 결과 하나의 신경회로에 다양한 정보가 동시에 섞여서 기억으로 존재하게 된다. 이렇게 한데 섞여서 저장된 정보는 당연히 상호작용을 일으킨다. 인간의 기억이 애매한 이유가 바로 여기에 있다. 그래서 인간은 자주 착각을 일으키고, 시간의 경과와 함께 기억이 흐려지거나 변하기도 하는 것이다.

그러나 기억의 애매함에는 바람직한 면도 있다. 기억이 애매하기 때문에 어느 날 문득 어떤 일을 계기로 **지금까지 생각지도 못했던 서로 다른 기억들이 갑자기 연결되면서 새로운 아이디어가 번뜩일 수 있는 것이다.** 인간이 가진 상상력과 창조력은 바로 이 원리에서 비롯된다.

단, 신경회로에 많은 양의 정확한 지식이 기억으로 저장되어 있지 않다면, 결코 획기적이거나 독창적인 아이디어는 떠오르지 않는다. 발명이나 발견, 히트 상품의 개발 등은 신이 모든 사람에게 부여한 재능이 아니다. 평소의 학습과 정보 수집의 습관이 만들어낸 결과다.

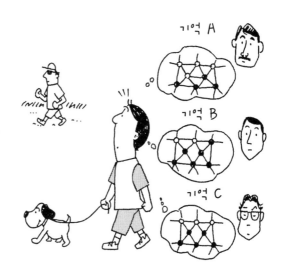

3 뇌는 한 번에
7가지밖에 기억하지 못한다

기억은 유지되는 시간에 따라 '단기 기억'과 '장기 기억'으로 나눌 수 있다. 일반적으로 30초에서 길어 봐야 몇 분 정도 유지되는 기억을 단기 기억, 그 이상 유지되는 기억을 장기 기억이라고 한다. **심리학에서 말하는 '현재의식 = 단기 기억', '잠재의식 = 장기 기억'으로 구분하기도** 있다.

단기 기억의 대표적인 예로는 전화번호를 들 수 있다. 우리는 보통 전화를 걸 때 수첩에서 원하는 전화번호를 찾아 기억한 다음 버튼을 누른다. 그런데 전화번호의 숫자에는 특별한 의미가 없기 때문에 통화를 끝내고 나면 바로 그 번호를 잊어버린다. 그러나 자신의 집이나 회사처럼 자주 거는 전화번호는 버튼을 누르는 행동이 반복되는 사이에 장기 기억으로 자리를 잡는다.

장기 기억은 기억해야 할 내용을 **해마**가 취사선택함으로써 만들어진다. 이와 달리 단기 기억은 해마를 경유하지 않고 전두엽 속에서 일시적으로 기억되고 순차적으로 삭제된다. 이는 컴퓨터의 정보처리 원리와 유사하다. 컴퓨터는 정보를 처리할 때, 정보를 인식하기 위해 매번 본체의 하드디스크 메모리까지 찾아가지는 않는다. 대신 현재 기동 중인 소프트웨어와 일시적으로 정보를 보관하고 있는 내부 메모리가 서로 정보를 주고받음으로써 빠른 속도로 정보를 처리한다.

인간이 현재의식 속에 떠올릴 수 있는 기억(현재 작동하는 기억)을 **워킹 메모리**(working memory, 작업 기억)라고 한다. 그런데 인간은 한 번에 7가지밖에 기억하지 못한다고 한다. 이 사실을 밝혀낸 미국의 심리학자 조지 A. 밀러는 이것을 '마법의 숫자 7(magical number of seven)'이라고 명명했다. 그리고 보니 1주일은 월, 화, 수, 목, 금, 토, 일의 7일이고, 1옥타브는 도, 레, 미, 파, 솔, 라, 시, 도의 7음계이며, 소설이나 드라마에서 스토리와 밀접하게 관련된 주요 등장인물은 7명 정도다.

가까운 예를 통해 워킹 메모리의 특징을 살펴보자. 최근 들어 운전 중 휴대전화 사용으로 인한 사고가 다발하자, 도로교통법에 의해 운전 중 휴대전화의 사용을 금지하고 있다. 이것은 워킹 메모리와 밀접한 관계가 있다. 만약 지금 당신이 혼자서 음악을 들으면서 운전을 하며 회사로 가고 있다고 하자. 이때 당신의 워킹 메모리는,

① 자동차 운전

② 목적지까지의 경로

③ 시각에 의한 도로 정보

④ 음악(라디오)

의 4가지에 이미 사용되고 있다. 그런데 이때 전화가 걸려 와서 통화를 한다면,

⑤ 휴대전화의 조작

⑥ 대화

⑦ 사고(思考)

의 3가지가 더해져 워킹 메모리가 포화 상태가 된다. 그 상황에서 갑자기 옆 차선에서 다른 차가 끼어들거나, 앞에 가던 차가 급브레이크를 밟거나 하면 어떻게 될까? 만사 끝이다.

당신의 워킹 메모리는 8번째 사태에는 대응할 수 없기 때문이다.

컴퓨터를 사용할 때 여러 종류의 응용 소프트웨어를 동시에 실행시키거나 용량이 큰 데이터를 처리하다 보면, 정보의 처리 속도가 떨어지거나 갑자기 컴퓨터가 작동을 멈춰버리기도 한다. 우리 뇌의 워

킹 메모리에도 마찬가지의 일이 일어날 수 있다. 그래서 운전 중에는 절대로 휴대전화를 사용해서는 안 되는 것이다.

기억은 인간의 생리 구조상, 시간의 경과와 함께 점차 지워지다가 결국 사라지고 만다. 성공한 사람들이 업무나 일상생활에서 꼼꼼히 메모하는 습관을 갖고 있는 것도 바로 이런 이유에서일 것이다. 나 역시 어디를 가더라도 수첩에 늘 메모하는 버릇이 있다. 회사와 집의 책상, 욕실, 침대 근처에는 늘 메모장을 준비해둔다.

4 장기 기억에는 3가지 종류가 있다

인간이 아주 오랫동안 유지할 수 있는 기억은, 크게 나누어 다음의 3가지밖에 없다.

첫 번째는 '생명의 유지에 관한 것'이다. 생사와 관련된 위험한 일이나 장소, 먹을 것 등은 절대 잊지 않는다. 이것은 **경험 기억**에 속한다.

경험 기억 중에서도 감정이 크게 동요되었던 기억은 뚜렷이 남는다. 어린 시절에 키우던 애완동물이 세상을 떠나 슬펐던 기억, 육친이나 소중한 사람의 죽음, 다툼 끝에 연인과 헤어졌던 기억, 운동회에서 일등을 했거나 시험에서 처음으로 100점을 받았을 때 칭찬받았던 기억, 운동선수로 도 대회나 전국대회에 출전했던 기억 등은 몇 년이 지나도 선명하게 남는다. 뿐만 아니라 **그 기억이 희미해지면 그때 느꼈던 슬픔이나 기쁨 또한 동시에 흐릿해진다.**

그 이유는 뇌의 원리에서 찾을 수 있다. 뇌 속 '기억의 공장'인 '해마' 바로 옆에는 '편도체'라는 '감정의 공장'이 위치한다. 그런데 편도체에서 슬픔이나 기쁨, 분노 등의 감정이 만들어졌을 때 일어난 일은 더욱 쉽게 기억할 수 있다는 것이다. 이것은 도쿄 대학의 이케가야 유지 선생의 연구로 잘 알려져 있다.

두 번째는 '자신의 의지로 기억하려고 했던 것'이다.

업무상 필요한 지식이나 시험공부처럼 스스로가 의식적으로 기억하려고 했던 것을 말한다. 이것을 **지식 기억**이라고 한다. 그런데 지식 기억은 인간의 생사와 직접적인 관련이 없는 경우가 많기 때문에, 복습 없이 단번에 기억하기가 쉽지 않다. 각인의 횟수가 많을수록 오래 기억하게 된다.

세 번째는 '몸으로 익힌 것'이다.

자전거 타는 법이나 공 던지는 법 등이 여기에 속한다. 이것을 **방법 기억**이라고 한다. '방법 기억'은 이론이 아닌 데다 감각적인 요소가 많기 때문에 기억하는 데 시간이 걸린다. 그러나 한 번 기억하면 쉽게 잊혀지지 않는다. 1년 만에 자전거를 타도 곧바로 탈 수 있고, 오랜만에 공을 주고받아도 금세 거리감을 파악하는 것은 바로 이 때문이다.

기억의 피라미드

5 머리는 쓰면 쓸수록 좋아진다

뇌의 구조나 기억을 주관하는 뉴런(신경세포)의 정렬 방식에는 개인 차가 거의 없다. 인간의 뇌의 주름을 펴면 신문지 한 장 정도의 크기가 된다고 하는데, 그 주름의 수마저 모든 인간이 동일하다.

그러나 뉴런의 수는 일생동안 계속 변한다. 뉴런의 수는 태어났을 때 가장 많고, 나이가 들수록 줄어든다.

뉴런은 무려 1초에 약 1개꼴로 하루에 몇만 개나 죽어 간다. 지금 이 책을 읽는 동안에도 뉴런은 무서운 속도로 죽고 있다. 그리고 한 번 죽은 뉴런은 재생되지 않는다. 그 때문에 뇌의 무게는 70세 정도가 되면 태어났을 때에 비해 약 5%나 가벼워진다.

인간의 신체는 약 60조 개의 세포로 이루어져 있다. 대부분의 세포에는 증식 능력이 있어, 약 2~3개월이면 완전히 새로운 세포로 교체된다. 머리카락이 자라거나 빠지는 것을 생각하면 쉽게 이해가 될 것이다. 잘 알려진 예로, 간은 수술로 80%를 절제해도 몇 개월이 지나면 남아 있던 간세포가 증식하여 원래의 상태로 회복된다. 그러나 뇌의 뉴런에는 이러한 증식 능력이 없다. 인간의 신체와 정신을 주관하는 가장 중요한 부분임에도 불구하고 증식되지 않다니 신기할 따름이다.

왜 뇌의 뉴런에는 증식하는 능력이 없을까?

답은 인간의 개성을 유지하기 위해서다.

만약 뇌에서 끊임없이 새로운 뉴런이 생성되어 낡은 뉴런과 교체된다면 어떻게 될지 한번 생각해 보자. 뉴런은 기억뿐만 아니라 '생각하거나', '느끼거나', '상상하거나' 하는 인간의 성격이나 행동을 주관한다. 그 부분이 순차적으로 교체되어 버린다면, 어제의 당신과 오늘의 당신은 서로 다른 인격체가 되고 만다. 나 자신이 내가 아닌 것이다. 생각하면 꽤 무서운 일이다.

일반적으로 생물은 외부 세계의 정보를 받아들이고, 그것을 이용하여 환경에 적응하면서 살아간다. 바꾸어 말하면 '경험'을 축적하여 환경에 순응하는 것이다. 따라서 경험을 기억하는 뇌의 뉴런이 새로운 것으로 교체된다면 경험을 쌓는 것이 불가능해진다. 또 환경에도 적응할 수 없게 된다. 우리의 뇌는 아마도 오랜 자연도태 과정을 통해 뉴런을 증식시키지 않고 같은 뉴런을 일생 동안 계속 사용하는 방법을 선택했을 것이다.

그렇다면 어떤 뉴런이 죽는가?

사용되지 않는 뉴런이 선택되어 죽는다.

'머리는 쓰면 쓸수록 좋아진다'는 말은 과학적 근거가 있는 사실이다. 하지만 걱정할 필요는 없다. 뉴런은 뇌 속에 약 1000억 개나 존재하지만, 인간이 의식해서 사용할 수 있는 것은 이 중 10%에도 미치지 못한다. 따라서 뉴런이 하루에 수만 개씩 죽는다 해도 실생활에 큰 지장은 없다. 엄청난 에너지를 필요로 하는 뇌에, 불필요한 뉴런은 사라지는 편이 오히려 낭비가 없다고 할 수 있다.

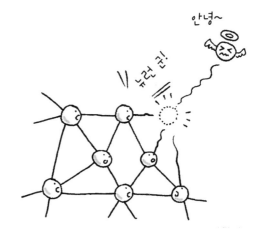

6 기억력을 높이는 최적의 수면 시간은 7.5시간이다

잠재의식을 적극적으로 이용하여 업무를 처리하거나 꿈과 목표를 실현하는 데 매우 중요한 조건이 한 가지 있다. 바로 **수면**이다. 앞에서 말했듯이 **하루에 적어도 6시간 이상의 수면이 필요하다.**

왜일까? 수면 중에는 육체의 휴식 외에도, 깨어 있는 동안 오감을 통해 뇌로 입력된 정보를 기억할 것과 기억할 필요가 없는 것으로 분류하고 정리하는 작업이 이루어진다. 여기에 약 6시간이 소요되기 때문이다.

기억의 정리는 잠자는 동안 계속 이루어진다. 특히 하루에 4회 약

90분 간격으로 나타나는 '렘수면' 상태일 때가 중요하다.

90분 × 4회 = 360분

즉 6시간이다.

기억은 오감(시각·청각·촉각·후각·미각)을 통해 뇌로 들어온다. 뇌에는 **'해마'라고 불리는 부위가 양쪽 귀 깊숙한 곳에 하나씩 있다.** 여기서 기억을 일시적으로 보관한다. 그리고 자는 동안(꿈을 꾸는 동안) 해마에서는 보관 중인 기억을 필요한 기억과 불필요한 기억으로 나누는 분류 작업을 한다.

우리가 자면서 꾸는 꿈도 해마와 관련이 있다. 꿈을 비유적으로 표현하면, 일시적으로 해마라는 비디오 레코더에 녹화된 비디오의 영상을 빠른 속도로 앞으로 돌려 보면서 그 영상이 필요한지 아닌지를 확인하는 작업이라고 할 수 있다. 이때 필요한 기억은 대뇌신피질로 보내지고 그곳에서 데이터베이스로 저장된다.

한편 불필요한 기억은 해마에서 정보가 삭제된다. 해마가 기억을 온전히 보관할 수 있는 시간은 약 24시간이며, 시간의 경과와 함께 정보는 계속 바뀐다. 그래서 우리는 어제 저녁에 무엇을 먹었는지는 기억하지만, 생일이나 특별한 경우가 아닌 이상 일 년 전 어제저녁에 무엇을 먹었는지는 기억하지 못한다.

이렇게 기억은 계속 자동으로 정리된다.

24시간 분량의 기억을 분류하는 데 약 6시간이 걸린다고 했는데, 그렇다면 만약 3시간밖에 못 잤을 때는 어떻게 될까? 이런 경우에는 24시간 분량의 기억의 정보 중 일부만 분류될 가능성이 있다.

수면 시간이 3시간밖에 되지 않으면, 해마는 미처 분류 작업이 이루어지지 못한 정보를 분류 불능으로 처리해 완전히 삭제해 버리고 만다. 하루치 기억의 일부가 사라지는 것이다. 기억 속에서 당신의 하루는 24시간 이하가 되어 버리는 것이다. 이 얼마나 아까운 일인가?

예를 들어 시험 전날 꼬박 밤을 새워 공부했던 내용은 시험 당일에는 기억이 나더라도, 하룻밤만 지나면 깨끗이 잊혀진다. 이 역시 앞서 말한 해마의 기능 때문이다.

밤을 새워 암기한 정보는 해마가 24시간 동안은 그대로 보존하고 있으므로 시험 당일에는 그 내용을 생각해 낼 수 있다. 그러나 **밤을 새느라 기억의 분류 작업이 이루어지지 못했기 때문에** 하룻밤이 지나면 해마는 그 기억을 삭제해 버리는 것이다.

2000년 미국 하버드 대학의 로버트 스틱골드(Robert Stickgold) 박사는 많은 피험자를 대상으로 단면 실험(건강한 사람을 충분히 자게 한 후, 그 후에 몇 시간 정도 깨어 있을 수 있는가를 관찰하는 실험)을 실시했다. 그 결과 기억력 향상을 위해서는 적어도 6시간의 수면이 필요하다는 사실을 밝혀냈다. 이와 함께 기억력 향상에 가장 뚜렷한 효과를 보인 수 면 시간은 7.5시간이었다고 보고하고 있다.

7 잠자는 동안
뇌는 기억을 정리한다

매일 꾸준히 연습했더니 도저히 되지 않던 일들이 어느 날 갑자기 척척 된 적이 있을 것이다. 피아노나 기타를 치는데 막히기만 하던 소절이 거침없이 한 번에 연주됐다거나, 그렇게 들어도 모르겠던 수학 문제가 갑자기 이해됐던 경험 말이다.

이것은 '레미니선스(reminiscence, 망각의 역현상)'라고 불리는 현상이다. 수면 중 꿈을 꾸는 동안 기억이 정리 정돈되어 그 후의 학습을 촉진시킨다는 원리다. **꿈을 꾸면 기억이 저절로 성장한다는 것이다.**

그런데 학습한 것이 레미니선스 효과를 충분히 누리려면 어느 정도의 시간이 필요하다. 학습 직후의 지식보다는 학습 후 며칠이 지난 후의 지식이 오히려 더 적절하게 정리되어, 뇌가 이용하기 쉬운 상태가 되기 때문이다.

따라서 공부를 할 때도 하루에 6시간을 쉬지 않고 계속하는 것보다는, 2시간씩 3일에 나누어 공부하는 편이 더 효율적이다. 3일로 나누면 중간에 수면을 취하게 되므로, 기억이 정리되어 인출하기 쉬워진다. 기억은 시간을 들여 숙성시키는 포도주와 같다. 조금씩 매일 꾸준히 반복하는 것이 레미니선스 효과를 제대로 활용하는 요령이다.

Dreaming **04**

수면 레시피,
자면서 일하는 수면 습관 만들기

1 잠들기 전 5분이 큰 차이를 만든다

지금부터 소개하는 실천 기법은, 당신이 자는 동안 일을 하고 꿈과 목표를 이루어 새로운 나로 거듭나게 하는 길잡이가 될 것이다.

자, 새로운 생활을 향해 힘찬 첫걸음을 내디뎌 보자.

잠을 자는 동안에는 외부로부터 들어오는 정보가 차단된다. 따라서 수면은 우리의 뇌가 기억을 정리하고 학습한 것을 정착시키는 데 최적의 시간이다. 다시 한번 이 내용을 복습해 보자.

뇌에는 '기억의 공장'에 해당하는 '해마'가 있다. 오감을 통해 뇌로 입력된 정보는 여기서 일시적으로 보관된다. 그리고 우리가 자는 동안 해마는 보관 중인 기억들을 분류하여 필요한 것과 불필요한 것으로 나눈다.

우리가 자면서 꾸는 꿈도 해마와 관련이 있다. 꿈을 비유적으로 표현하면, 일시적으로 해마라는 비디오 레코더에 녹화된 비디오의 영상을 빠른 속도로 앞으로 돌려 보면서 그 영상이 필요한지 아닌지를 확인하는 작업이라고 할 수 있다. 이때 필요한 기억은 대뇌신피질로 보내지고, 그곳에서 데이터베이스로 저장된다.

한편 해마는 하루 동안의 기억을 정리할 때, 취침 시부터 과거를 향해 시간 축을 반대로 돌려서 재생한다. **그래서 잠들기 전의 기억이 가장 선명하게 남는 것이다.** 누구나 마찬가지겠지만, 깨어 있을 때도 12시간 전의 기억보다 5분 전의 기억이 더 선명하게 남는다. 따라서 잠들기 전 5분 동안 당신이 마술 램프(잠재의식)에 어떤 명령을 내려 두는지가 수면 시간을 효과적으로 활용하는 데 매우 중요한 포인트가 된다.

수면은 인간이 생명체로서 갖는 단 하루도 거를 수 없는 필수 행위다. 사람은 사는 날까지 하루 평균 1/4~1/3의 시간을 잠자는 데 사용해야 한다.

그런데 매일 밤 잠들기 전 단 5분 동안 당신의 잠재의식에 효과적인 명령을 내리면, 당신의 꿈과 소망을 훨씬 빨리 이룰 수 있다.

잠들기 전 단 5분이 당신과 다른 사람 사이에 큰 차이를 만든다.

2 코스 요리 주문하듯
뇌에게 업무를 지시한다

오늘은 그녀와의 첫 데이트다. 그래서 큰 맘 먹고 프랑스 레스토랑에 가려고 한다. 그런데 메뉴판을 보면서 근사한 단품 요리를 선택할 자신이 없다. 게다가 요리에 어울리는 와인까지 고를 자신은 더더욱 없다. 그렇다면 당신은 결국 많은 사람들이 하듯이, 요리의 구성과 가격이 무난한 코스 요리를 선택할 수밖에 없을 것이다.

그러나 만약 당신이 메뉴를 보고 레스토랑 직원과 대화하면서 그녀의 취향과 입맛에 맞는 요리를 한 가지씩 골라 주문한다면? 소믈리에에게 당신의 기호를 전하고 그에 맞는 저렴하면서도 양질의 와인을 선택받는다면 어떻게 될까? 당신을 바라보는 그녀의 눈길이 당장 달라질 것이다. 식사 시간은 당연히 즐거울 수밖에 없다.

물론 코스 요리가 아닌 단품 요리를 제대로 주문하려면 요리나 와인에 대해 어느 정도의 지식이 필요하다. 그러나 당신은 미식 평론가도 아니고 좋아하는 음식을 맛있게 먹으면 그뿐이므로 굳이 식재료의 산지가 어디인지, 어떤 소스를 쓰고 요리법은 무언지, 포도의 품종이나 산지의 기후 따위를 시시콜콜 기억할 필요는 없다. 레스토랑에 메뉴를 안내하는 직원이나 소믈리에가 있는 것도 바로 이런 이유에서다.

예를 들어 레스토랑 직원에게는,

"오르되브르(서양식 식사에서 식욕을 돋우기 위해 식전에 먹는 가벼운 요리)는 제철 채소를 사용한 것으로 추천해 주시겠어요?"

"스프는 맛이 담백한 것으로 부탁할까 하는데…….."

"생선은 소테가 좋겠는데, 어떤 생선이랑 어떤 소스가 어울리죠?"

"송아지 고기 요리가 맛있을 것 같은데 어떤 식으로 조리하나요?"

라고 묻고, 소믈리에에게는,

"오르되브르가 주로 채소라서 화이트와인으로 하고 싶은데, 드라이하면서 조금 가벼운 걸로는 어떤 것이 좋을까요?"

"메인 요리가 송아지 고기인데 레드와인으로 어떤 것이 어울릴까요?"

라고 묻는다.

어느 레스토랑에 가더라도 이 정도의 질문만 할 수 있다면, 나머지는 레스토랑 직원의 도움을 받으면서 자신의 취향을 그대로 전하기만 하면 된다. 이제 당신과 그녀만의 오리지널 디너 코스가 완성되었으니, 주문한 요리를 기다리면서 대화를 즐기면 그만이다.

레스토랑 '마술 램프'에서는 당신이 어떠한 주문을 해도 유능한 요리사 '해마'가 솜씨를 발휘하여 맛있는 요리를 만들어준다. 그러니 원하는 건 무엇이든 주문해도 좋다. 이와 같은 주문 요령은 한번 익혀두면 다른 레스토랑에 가거나 일식 또는 중식처럼 종류가 다른 경우에도 응용할 수 있다. 마찬가지로 우리의 뇌도 일단 그 요령을 파악하기만 하면 다양한 종류의 업무에 활용할 수 있다.

단, 레스토랑의 주방(대뇌)에 요리의 재료(기억의 저장)가 충분히 갖춰져 있지 않으면 만들어낼 수 있는 요리의 종류도 제한될 수밖에 없다. 따라서 주문을 하려면 최소한의 지식이 필요하다. 또 주문 내용이 구체적일수록 자신이 원하는 것에 가까운 요리가 나온다는 것은 말할 필요도 없다.

그리고 레스토랑에서 자신이 원하는 것을 제대로 주문할 수 있을 정도가 되려면, 새로운 메뉴에 여러 차례 도전해야 한다. 물론 예상이 빗나갈 때도 있을 것이다. 따라서 책이나 잡지를 보면서 연구하거나, 한 음식점에 단골로 다니거나, 아니면 여러 종류의 음식점에 가 보는 등 풍부한 실전 경험을 쌓을 필요가 있다.

그렇다면 지금부터 당신이 원하는 요리와 와인을 골라 자신만의 코스 요리를 즐길 수 있도록, 레스토랑 '마술 램프'에서 능숙한 주문 요령을 상황별로 제시할 것이다.

수면 중 업무 처리의 메커니즘

A. 각성 시

오감을 통한 정보 유입(특히 업무 관계) → 뇌(전두엽 → 해마)

B. 취침 5분 전

잠재의식에게 내일의 업무에 대해 지시를 내린 뒤 잠자리에 든다.

C. 수면 중

기억의 정리(해마)

기억 · 학습의 정착(해마 → 측두엽)

기억의 성장(해마 ←→ 측두엽)

　(업무의 장래 이미지, 주의점)

기억의 결합(측두엽)

　(새로운 아이디어)

D. 기상 ~ 각성 시

업무가 앞으로 어떻게 전개될지 이미지로 떠오른다.

새로운 아이디어가 떠오른다!

3 자는 동안 다음 날 업무를 처리하는 방법 – 9단계

'자는 동안에 꿈속에서 내일 할 일을 모두 끝마칠 수 있다면' 얼마나 좋을까.

이 책을 선택한 독자라면 누구나 한번쯤 해본 생각일 것이다. 한편으론 **"그런 허무맹랑한 이야기가 어디 있어?"**라고 부정하거나 **"정말일까?"** 하고 의심할지도 모른다.

믿기 힘들겠지만, 그런 방법이 정말 있다. 마술 램프(잠재의식)를 이용하는 방법이다.

잠재의식은 24시간 연중무휴로 영업을 한다. 당신이 잠든 사이에

도 주인님인 당신의 명령을 받들어 충실하게 일한다. 그러나 명령을 내리지 않는 한 생명을 유지하는 기능 외에는 주인님 허락 없이 제 맘대로 움직일 수 없다. 잠재의식은 당신이 명령을 해야만 그대로 수행하는 단순한 구조이기 때문이다.

하지만 당신은 "잠들기 전에 일 생각하면 잠을 푹 자지 못할 텐데……" 또는 "피로가 제대로 풀리지 않는 건 아닐까?"라며 내심 불안해할 것이다.

그러나 안심해도 된다. 잠재의식을 주관하는 인간의 뇌는 슈퍼컴퓨터다. 대용량의 하드디스크와 초고속 정보처리 기능을 갖고 있어, 생명유지에 관련된 기능을 수행하면서 동시에 다른 응용 소프트웨어를 기동시켜 정보를 처리할 수 있다.

다만, 거듭 이야기했듯이, 인간이 하루 24시간 분량의 기억을 정리하려면 6시간 이상의 수면이 필요하다. 하루 6시간 이상의 수면을 취할 것을 조건으로 지금부터 '자는 동안 다음 날 업무를 처리하는 방법'을 설명하기로 한다.

자는 동안 다음 날 업무를 처리하는 방법 - 9단계

 STEP 1 다음 날 업무 중에서 중요한 것 3가지를 고른다

스케줄을 적은 수첩을 펴고, 내일 해야 할 업무 중에서 반드시 내일 안에 처리해야 하거나, 내일 마무리를 짓는 편이 나중을 위해 더 좋을 것으로 판단되는 업무를 3가지 고른다. 이것을 수첩의 빈자리에 적어 넣는다. 이때 나중에 문구를 추가할 수 있도록 조금 간격을 두고 적는다.

예) 리폼 회사에 근무하는 A씨의 경우

☐ B씨 집 부엌 주변 리폼을 위한 견적서 작성

☐ C씨 집 화장실 리폼을 위한 현장 회의

☐ D씨 집 거실 리폼 계획을 위한 사내 회의

STEP 2 　우선순위를 정한다

　이 3가지 업무에 '긴급성과 중요도'라는 두 가지 기준에 따라 우선순위를 매기고, 각 항목 앞에 ① · ② · ③으로 표시한다.

　이 작업은 판단력과 결단력을 높이는 트레이닝을 겸하고 있다. 업무에 우선순위를 매길 때 사용하는 뇌의 기능과, 판단이나 결단을 내릴 때 사용하는 뇌의 기능은 기본적으로 같기 때문이다. 따라서 이 작업은 당신의 뇌가 판단과 결단에 대한 복잡한 연습 문제를 푸는 것과 같은 결과를 가져온다.

　업무에 우선순위를 정하지 않은 상태에서는, 처리하지 못한 업무가 쌓이면 불안해지거나 의욕이 떨어질 수 있다. 이 작업을 통해 업무의 우선순위를 확실히 정하고 그것을 당신 자신이 스스로 납득한다면, 혹시 우선순위가 낮은 업무가 지연되거나 처리되지 않은 상태로 남더라도 크게 신경 쓰이지 않게 된다. 바꿔 말하면 기분 좋게 일할 수 있다는 뜻이다.

예) 리폼 회사에 근무하는 A씨의 경우

☑ B씨 집 부엌 주변 리폼을 위한 견적서 작성

① C씨 집 화장실 리폼을 위한 현장 회의

③ D씨 집 거실 리폼 계획을 위한 사내 회의

STEP 3
해피엔드의 구체적 장면을 상상한다

몸과 마음의 긴장을 푼다. 의자에 편하게 앉아 가볍게 눈을 감는 다. 3번 천천히 깊게 호흡하면서 마음을 차분하게 만든다.

다음은 우선순위 ①의 업무에 대해 그 업무의 목표를 달성했을 때 의 모습을 이미지로 떠올린다. 그 이미지는 반드시 해피엔드여야 하 며 구체적일수록 좋다. 또 그 결과 얻게 되는 달성감과 충만감을 느껴 본다. 당신은 입 꼬리가 저절로 올라가며 '빙그레' 웃는 '흐뭇한' 표정 의 행복한 얼굴이 될 것이다.

잠재의식은 참과 거짓을 분간할 줄 모르며 이미지의 지배를 받는 다. 따라서 잠재의식은 당신이 이미 이 업무를 달성한 것으로 받아들 이고 그에 맞게 작용할 것이다. 그리고 달성감과 충만감은 성공의 기 억을 강하게 만들어 준다.

STEP 4 — 목표 달성 과정을 상상한다

　마지막 장면에서 시간 축을 거꾸로 돌려, 목표를 달성하는 과정에서 등장하는 '사물'이나 '정보', '협력자' 등 필요한 사항을 떠올려본다. 제품이나 팸플릿, 배송 수단, 고객, 회사의 담당 직원, 거래처 직원 등이 차례로 생각날 것이다. 이 부분 역시 되도록 구체적인 이미지나 이름을 떠올리는 것이 좋다. 직감에 따르면 된다. 이것을 수첩의 빈자리에 키워드로 적어 넣는다.

예) 리폼 회사에 근무하는 A씨의 경우

2 B씨 집 부엌 주변 리폼을 위한 견적서 작성
- ▶ 싱크대 제품 카탈로그
- ▶ 납기
- ▶ ○○ 부엌 가구의 × × 씨

1 C씨 집 화장실 리폼을 위한 현장 회의
- ▶ 타일 견본집
- ▶ 견적서
- ▶ C씨의 부인

3 D씨 집 거실 리폼 계획을 위한 사내 회의
- ▶ 리폼 계획의 이미지 보드
- ▶ 〈카사 보그〉지 스크랩
- ▶ 디자인실의 ○○ 씨

STEP 5 첫걸음

각 업무 항목의 목표를 달성하기 위해 필요한 사항 중에서, 내일 해야 할 '구체적인 행동'의 '첫걸음'을 '과거완료형'으로 표현하여 각 항목 아래에 적어 넣는다.

예를 들어 'ㅇㅇ 씨에게 △△의 일을 확인했다', '최신 카탈로그에서 ㅁㅁ의 가격을 조사했다'처럼 내일 가장 먼저 해야 할 구체적인 행동을 적는다. 자신이 알아볼 수 있다면 어떠한 표현도 상관없다. **중요한 것은 '과거완료형'으로 나타내는 것이다.**

잠재의식은 입력된 정보가 '참인지 거짓인지' 분간할 줄 모른다. 따라서 당신이 이미 'ㅇㅇ씨에게 전화를 했다'고 믿고 자동적으로 전화를 건 다음에 취해야 할 행동을 순서대로 생각해낸다.

* 앞서 선택한 3가지 업무 각각에 대해 여기까지의 과정을 실행한다(88쪽 참조).

예) 리폼 회사에 근무하는 A씨의 경우

---

② B씨 집 부엌 주변 리폼을 위한 견적서 작성

▶ 싱크대 제품 카탈로그
▶ 납기
▶ ○○ 부엌 가구의 × × 씨

… ○○ 회사의 △△ 씨에게 오늘 안으로 싱크대 부품 카탈로그를 보내 달라고 전화했다.

① C씨 집 화장실 리폼을 위한 현장 회의

▶ 타일 견본집
▶ 견적서
▶ C씨의 부인

… C씨 부인에게 오늘 오후 2시의 약속 시간을 확인하는 전화를 했다.

③ D씨 집 거실 리폼 계획을 위한 사내 회의

▶ 리폼 계획의 이미지 보드
▶ 〈카사 보그〉지 스크랩
▶ 디자인실의 ○○ 씨

… 디자인실 서고에서 과거 1년 동안의 〈카사 보그〉지 사진을 다시 살펴보았다.

STEP 6 자면서 결과를 기다린다

스케줄 수첩에 '첫걸음'을 적었다면 이제 자기만 하면 된다. 앞에서 '레미니선스 효과'에 대해 설명했던 내용처럼, 당신이 잠든 사이에 당신의 잠재의식이 다음 날 업무에 필요한 준비를 해 놓을 것이다.

'○○ 씨에게 전화를 했다.' 그 다음은 '영업부의 ○○ 부장에게 □□을 확인했다.' 그리고 'Z사의 ○○ 과장에게 △△의 일로 연락을 해서……'라는 식으로 차례차례로 이미지를 확장하면서 자동으로 업무를 진행해 줄 것이다. 물론 잠재의식은 당신이 아침에 일어난 후에도 24시간 쉼 없이 일한다.

다만, 뇌의 이와 같은 기능을 이용하려면 거듭 강조하지만 6시간 이상의 수면이 필요하다. 해마에서 24시간 이내의 기억이 '필요한 기억'과 '불필요한 기억'으로 분류되어, 필요한 정보는 대뇌신피질에 저장되고 불필요한 기억은 삭제된다. 이러한 작업에 약 6시간이 걸린다. 그리고 선별되지 못한 기억의 일부는 삭제된다.

업무가 많을 때는, 밤을 새우기보다는 충분히 수면을 취하면서 레미니선스 효과를 이용하는 편이 효율적이다. 몸도 개운하고 기분도 상쾌해서 일에 몰두할 수 있고, 그만큼 업무 처리의 질도 높아진다.

성공과 행복을 거머쥔 사람은 무리하지 않고 푹 자는 법이다.

예로부터 '행복은 자면서 기다리라'는 말도 있지 않던가.

STEP 7 멘탈 리허설

하루를 여는 아침 시간은 매우 중요하다. 상쾌한 기분으로 아침을 맞이하면 그날 하루는 왠지 신나고 유쾌하며 생산성도 오른다. 덕분에 피로도 줄어든다. 위의 6단계 과정까지 마쳤다면, 그 다음 날은 아침에 직장에 도착하면 우선 한숨 돌리고 나서 몸과 마음의 긴장을 푼다. 그리고 업무를 시작하기 전에 마술 램프를 문지른다.

먼저 스케줄 수첩을 펼치고 오늘 일정을 확인하면서 어제 적은 문장을 읽는다. 그러면 잠들기 전에 지시했던 오늘 할 일의 순서가 차례차례 이미지로 떠오를 것이다. 당신이 잠을 자는 동안 잠재의식이 이미 그 일들을 한 번 마친 상태. 업무의 '비전'이 명확해졌기 때문에 업무 내용을 수정하는 경우도 없고, 같은 일이라도 빠른 시간에 처리할 수 있으며, 완성도 역시 높아진다.

다음은 오늘 하루 전체의 일정을 확인한다. 다시 한번 업무의 처리 순서를 아침부터 퇴근 시간까지 순서대로 이미지화한다. 이렇게 '머릿속에서 미리 그날 하루의 일을 완성하고 나서 실제로 일을 시작하는 것'이 바로 효율적인 업무 수행을 위한 요령이다. 이 작업을 '멘탈 리허설'이라고 한다.

연극배우는 실제로 무대에 서기 전에 마음속으로 몇 번이고 무대에 서 있는 모습을 상상하면서 연습한다고 한다. 업무건 연극이건 제대로 연습해 두면 두렵지 않는 법이다.

 실행

이제는 우선순위가 높은 업무부터 차례대로 실행에 옮기면 된다. 오늘 할 일은 되도록 내일로 넘기지 말고 오늘 마무리 짓도록 한다.

오늘부터 매일 이 과정을 반복한다. 당신의 잠재의식은 하루도 쉬지 않고, 그것도 매일 24시간 일한다. 게다가 정보처리 용량도 크기 때문에 당신이 잠든 사이에 여러 가지 일을 처리할 수 있다. 그러나 익숙해지기 전까지는 이 작업에 조금 시간이 걸린다. 따라서 처음에는 그날의 업무 중 우선순위 3위까지만 이 과정을 적용하기로 한다.

처음에는 좀 번거롭겠지만, 익숙해지면 일상적인 행동이 된다. 잠들기 5분 전이 곤란한 날은 하루의 일과를 마친 후에 실행해도 된다. 중요한 것은 매일 실천하는 것이다. 익숙해지면 이 과정에 걸리는 시간도 줄어들기 때문에, 잠들기 전 3분과 다음 날 아침의 멘탈 리허설 2분을 합해 5분 정도의 시간이면 충분하다.

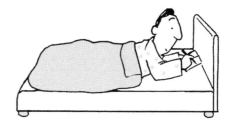

4 자는 동안 실천하는
창조적 아이디어 발상법 – 4가지 포인트

비즈니스맨 중에는 아이디어 부족을 토로하는 사람이 많다. 당신도 좋은 아이디어가 떠오르지 않아 고민했던 적이 한 번쯤 있을 것이다. 많은 사람들이 아이디어 회의를 앞둔 날이면 으레 밤늦게까지 머리를 싸맨다. 그러나 사실은 6시간 이상 충분히 잠을 자는 편이 오히려 창의적인 아이디어가 많이 떠오른다고 한다.

그런데 아이디어란 무엇일까?

새로운 아이디어란 지시( )에 의해 뇌 속에 장기 기억되어 있는 정보가 서로 결합되어 만들어지는 것이다.

예를 들면 다음과 같다.

기억 A + 기억 B = 새로운 아이디어 C

구체적인 예를 들자면,

휴대전화 + 디지털카메라 = 카메라 장착 휴대전화

와 같이 원래 존재했던 것끼리 결합시켜 새로운 상품을 기획하는

것이다.

지금부터 당신의 뇌가 창의적인 아이디어 보따리를 술술 풀어 놓

도록 만들어주는 4가지 포인트에 대해 알아보자.

창조적 아이디어 발상을 위한 포인트 1

뇌의 장기 기억 속에 아이디어와 관련된 많은 양의 데이터베이스가 필요
하다.

새로운 아이디어는 뇌 속의 장기 기억끼리 결합하여 만들어진다.

거꾸로 말하면 뇌 속에 기억되어 있는 것이 없다면 아무리 쥐어짜도

획기적인 아이디어는 나올 수 없다. 평소에 여러 가지 정보나 자극을

머릿속에 저장해 두자.

뇌파를 θ(세타)파 상태로 유지할 수 있는 시간과 장소는 한정되어 있다.

기억의 결합은 뇌파가 θ(세타)파 상태일 때 일어난다. 아무 생각 없이 욕조에 몸을 담그고 있을 때 갑자기 기가 막힌 아이디어가 번뜩하고 떠오른 적은 없는지?

인간의 뇌파가 θ(세타)파 상태로 되기 쉬운 경우는 수면 중, 잠에서 깨었을 때나 잠들기 전 꾸벅꾸벅 조는 상태, 욕조에 편하게 몸을 담그고 있을 때나 샤워 중, 화장실 안에서와 같이 몸과 마음의 긴장이 이완되고 편안한 상태일 때다.

6시간 이상 잔다.

새로운 아이디어를 생각해낼 때 매우 중요한 조건이 바로 이 책의 주제인 수면이다.

수면 중 우리의 뇌는 기억의 정리나 정착과 같은 작업을 한다. 우리가 잠든 사이에 새로운 기억과 원래 뇌 속에 있던 오래된 기억이 서로 결합하거나, 정착을 강화하거나, 성장(레미니선스)을 하는 것이다. 따라서 앞서 말한 것처럼 아이디어 회의 전날 밤에 늦게까지 깨어 머리를 쥐어짜기보다는, 6시간 이상 충분히 잠을 자면서 뇌로 하여금 기억을 결합하고 정착시키고 성장시키는 작업을 하도록 맡겨 둔다. 그 편이 반짝이는 아이디어를 손쉽게 얻는 효율적인 방법이다.

창조적 아이디어 발상을 위한 포인트 4

잠들기 5분 전에 당신의 잠재의식에게 원하는 것을 주문한다.

레스토랑에서 요리를 주문할 때, 만약 당신이 '오늘은 봉골레 스파게티가 먹고 싶다'고 미리 생각하고 있었다면 그냥 "봉골레 스파게티 주세요"라고 할 것이다. 그러나 "오늘은 깔끔하고 담백한 파스타가 먹고 싶은데 무엇이 좋을까요?"라거나 "새우가 들어간 파스타가 좋은데 소스는 어떤 것이 맛있을까요?"라고 주문하는 방법도 있다.

잠들기 전 '레스토랑 마술 램프(잠재의식)'에게 아이디어를 주문할 때도 바로 이 방법을 사용한다.

아이디어 발상에 필요한 조건이나 소재, 그 밖에 어떤 것이라도 좋다. 잠들기 5분 전에 아이디어와 관련이 있는 사항을 가능한 한 많이 종이에 써 넣는다. 그리고 아이디어 회의에서 자신의 발표가 큰 호응을 얻어 많은 사람으로부터 칭찬받는 기분 좋은 모습을 머릿속에 그린다. 그 다음은 "뛰어난 아이디어군요. 고맙습니다"라며 소리 내어 감사의 인사말을 한 뒤 잠자리에 든다. 당신이 잠자는 동안 뇌 속에서 '레스토랑 마술 램프'의 요리사가 당신이 제시한 소재와 조건을 고려

하여 참신한 아이디어를 요리해 줄 것이다.

물론 재료의 가짓수가 적으면 원하는 만큼 훌륭한 요리가 나오지 않거나, 요리를 준비하는 데 시간이 걸릴 수 있다. 따라서 이 과정을 시작한 지 얼마 안 되는 초보자의 경우는, 회의 전날 밤이 아니라 5~7일 정도의 여유를 두고서 자신이 적은 것을 매일 읽거나 항목을 추가하면서 매일 밤 같은 과정을 반복하는 것이 좋다. 많은 시간과 노력, 그리고 다양한 재료가 농축되고 숙성되면서 하루가 다르게 맛이 더해지는 데미글라스 소스처럼, 당신의 아이디어 발상 능력도 나날이 발전할 것이다.

아이디어 개발 체크 시트
SCAMPER+

브레인스토밍(brainstorming, 특정 주제에 관해 구성원의 자유 발언을 통한 아이디어의 제시를 요구하여 창의적인 사고를 촉진하고 창조적인 아이디어를 끌어내는 기법 또는 활동)을 제창하여 유명해진 미국의 어느 광고회사 부사장 알렉스 F. 오즈번은 "새로운 것은 모두 이미 존재하는 것에 무언가를 추가하거나 수정을 가한 것이다"라는 개념을 바탕으로 '스캠퍼SCAMPER'라는 아이디어 개발 체크리스트를 고안했다. 나는 이것을 바탕으로 지난 몇 년간 다양한 비즈니스 관련 서적에서 얻은 힌트와, 컨설팅 현장에서 깨달은 점들을 추가하고 내용을 다듬어 '스캠퍼 플러스SCAMPER+'라는 아이디어 개발 체크 시트를 만들었다.

이 시트는 실제로 내 고객들에게도 사용하고 있는 것이다. 혼자서 아이디어를 짜낼 때나 아이디어 회의에서 브레인스토밍을 할 때, 그 진가를 발휘할 것이다. 꼭 한 번 사용해 보기 바란다. 잠들기 전 잠재의식에게 원하는 주문 사항을 만들 때도 쓸모가 있다.

SCAMPER

S: Substitute? 다른 것으로 대체하면 어떨까?

C: Combine? 결합시키면 어떨까?

A: Adapt? 응용하면 어떨까?

M: Magnify? Modify? 확대하거나 수정하면 어떨까?

P: Put to other uses? 다른 용도로 쓰면 어떨까?

E: Eliminate? Analyze? 삭제하거나 분해하면 어떨까?

R: Rearrange? Reverse? 순서를 바꾸거나 반대로 하면 어떨까?

아이디어 개발 체크 시트
SCAMPER+

S: Substitute? 다른 것으로 대체하면 어떨까?

① 다른 것으로 대체하면 어떨까?

② 다른 재료·판로·매체를 사용하면 어떨까?

③ 다른 사람이 하면 어떨까?

④ 다른 장소에서 하면 어떨까?

⑤ 다른 방식으로 하면 어떨까?

C: Combine? 결합시키면 어떨까?

① 목적을 통합하면 어떨까?

② 아이디어를 통합하면 어떨까?

③ 장점을 통합하면 어떨까?

④ 타깃을 통합하면 어떨까?

⑤ 유닛을 통합하면 어떨까?

⑥ 재료를 통합하면 어떨까?

A: Adapt? 응용하면 어떨까?

① 유사한 아이디어(히트 상품·히트 기획)를 빌리면 어떨까?

② 무엇을 따라 하면 좋을까?

③ 누구를 따라 하면 좋을까?

④ 과거에 비슷한 것은 없었나?

⑤ 어떤 상황에 내 생각을 응용할 수 있을까?

⑥ 내 전문 분야 외의 분야에서 어떤 아이디어를 추가할 수 있을까?

아이디어 개발 체크 시트
SCAMPER+

M : **Magnify? Modify?** 확대하거나 수정하면 어떨까?

1) 확대하면 어떨까?

① 시간을 더 들이면 어떨까?

② 횟수를 더 늘리면 어떨까?

③ 더 강하게(높게·길게·무겁게·두껍게) 하면 어떨까?

④ 가치를 더 높일 수 없을까?

2) 수정하면 어떨까?

① 무언가를 새로 바꾸면 어떨까?

② 무언가를 보충하면 어떨까?

③ 무언가를 덜어 내면 어떨까?

④ 색깔을 바꾸면 어떨까? (시각)

⑤ 모양을 바꾸면 어떨까? (시각·촉각)

⑥ 맛을 바꾸면 어떨까? (미각)

⑦ 향기를 바꾸면 어떨까? (후각)

⑧ 소리를 바꾸면 어떨까? (청각)

⑨ 포장을 바꾸면 어떨까? (시각·촉각)

P: Put to other uses? 다른 용도로 쓰면 어떨까?

① 그 밖에 다른 쓰임새는 없을까?

② 조금 수정하면 어떤 용도로 쓰일 수 있을까?

③ 다른 방향으로 발전시키면 어떨까?

④ 다른 시장에서 판매하면 어떨까?

E: Eliminate? Analyze? 삭제하거나 분해하면 어떨까?

1) 삭제하면 어떨까?

① 시간을 줄이면 어떨까?

② 횟수를 줄이면 어떨까?

③ 분할하면 어떨까?

④ 간소화하면 어떨까?

⑤ 좀 더 작게(낮게·짧게·가볍게·얇게) 하면 어떨까?

2) 분해하면 어떨까?

① 목적을 작게 나누면 어떨까?

② 아이디어를 작게 나누면 어떨까?

③ 장점을 작게 나누면 어떨까?

④ 타깃을 작게 나누면 어떨까?

R: **Rearrange? Reverse?** 순서를 바꾸거나 반대로 하면 어떨까?

1) 순서를 바꾸면 어떨까?

① 순서를 바꾸면 어떨까?

② 패턴을 바꾸면 어떨까?

③ 레이아웃을 바꾸면 어떨까?

④ 스케줄을 바꾸면 어떨까?

⑤ 진행 속도를 바꾸면 어떨까?

⑥ 원인과 결과를 서로 바꾸면 어떨까?

2) 반대로 하면 어떨까?

① 위아래를 거꾸로 하면 어떨까?

② 입장을 바꿔 보면 어떨까?

③ 역할을 반대로 하면 어떨까?

④ 플러스와 마이너스를 바꾸면 어떨까?

⑤ 상황을 반대로 하면 어떨까?

5 자는 동안 실천하는 매출 증가를 위한 아이디어 발상법 - 4단계

많은 비즈니스맨을 고민하게 만드는 업무 중 하나는 아마도 '매출 증가를 위한 아이디어'일 것이다.

나는 아이디어를 내야 할 때 반드시 '매출 증가를 위한 48분할법'을 이용한다. 이것은 경영 컨설턴트로 활동하는 친구 무라마츠 다치오 선생이 알려준 방법이다. 이 방법에 따라 기획 요건에 누락이 없는지 확인하면서 많은 아이디어를 생각해내고, 또 그 아이디어를 모두 '레스토랑 마술 램프'의 요리사에게 주문한 다음에야 잠을 청한다. 또 앞에 나온 창조적인 아이디어 발상법의 실천 항목 중 하나인 '잠들기 5분 전에 잠재의식에게 원하는 주문을 할' 때도 이 방법을 이용해서 주문을 한다.

"매출을 올릴 수 있는 아이디어를 내시오."

상사나 거래처로부터 이런 과제가 주어지면 한숨부터 나올 때가 있다. 알겠다며 대답은 했건만, 속으로는 "그런 아이디어가 어디 그렇게 쉽게 나온대?"라며 투덜대는 것이 보통일 것이다.

사실 '매출을 올릴 수 있는 아이디어'라고 하면 너무 막연하고 범위가 넓기 때문에 전체적인 양상을 파악하기 어렵고, 아이디어도 생각만큼 쉽게 나오지 않는다. 그렇다면 '문제를 잘게 쪼개어' 생각해 보면 어떨까? 문제를 이미지로 가시화하는 작업이 훨씬 수월하게 이루어지고, 문제 해결을 위한 구체적인 전략도 쉽게 떠오른다. 이에 대해 좀 더 자세히 알아보자.

세분화의 예

당신을 교재를 판매하는 영업사원이라고 가정하자.

1. 당신의 연간 매출 할당액은 1억 2,000만 원이다.

2. '1년에 1억 2,000만 원이라……, 1년 동안 1억 2,000만 원……' 이렇게 매일 되뇌며 영업을 하기보다는, '한 달에 천만 원'이라고 작게 나누어 생각하는 편이 오히려 문제의 전체적인 양상을 쉽게 파악할 수 있다.

3. 한 달에 25일 정도 영업을 한다면 '하루에 40만 원'꼴이다. 문제의 양상이 좀 더 구체화되었다.

4. 교재 한 세트에 20만 원이라고 할 때 '하루에 2세트'를 판매하면 연간 매출 할당액을 달성할 수 있다. 상황이 더욱 구체화되었다. 하루에 2명의 고객에게 1세트씩 판매하든가, 아니면 고객 1명과 그가 소개하는 고객 1명에게 1세트씩 판매하면 된다. 이런 식으로 전략의 이미지가 구체적으로 차례차례 떠오르게 된다.

① 120,000,000원/년

② 10,000,000원/월

③ 400,000원/일

④ 2세트/일

각각에 대해 6종류의 구체적인 방법을 제시

매출 증가를 위한
48분할법

평균 객단가 ─ 단품 단가 ─ ① 가격 인상 / ② 고가 전략

평균 객단가 ─ 구매 개수 ─ ③ 묶음 판매 / ④ 세트 판매

매출액

평균 고객 수 ─ 기존 고객 ─ ⑤ 반복 구매 / ⑥ 제품 소개

평균 고객 수 ─ 신규 고객 ─ ⑦ 상권 내 / ⑧ 상권 외

①~⑧의 각각에 6종류의 구체적인 전략이 제시되어 있다. 이를 모두 더하면 매출 증가법이 무려 48가지나 된다. 매출액은 덧셈이 아니라 곱셈으로 산출되므로, 이 방법으로 다시 48개의 아이디어를 얻는다면 그 효과를 제곱으로 누릴 수 있다.

예) 객단가(고객 1인당 평균 매입액)를 2배로 하고 고객 수를 2배로 하면 매출은 2의 제곱인 4배가 된다.

자는 동안 실천하는 매출 증가 아이디어 발상법 - 4단계

 **아이디어의 창출**

다음에 소개하는 매출 증가를 위한 48분할법 아이디어 체크 시트를 보고, 자사의 제품이나 서비스에 적용할 수 있는지 확인한다. 매출을 올릴 수 있는 방법이 무려 48가지나 된다. 아무리 생각해도 아이디어가 떠오르지 않는 항목이라면 일단 건너뛰어도 좋다. 어떤 생각이든 떠오르면 완벽한 문장 대신 간략한 표현으로 적고 키워드로 메모를 한다.

주어진 과제가 대형 프로젝트거나 생각만큼 아이디어를 많이 얻지 못했다면, 3~5일 정도 매일 밤 잠들기 전에 이 아이디어 기입 작업을 한다. 그러면 기억이 숙성될 것이고, 새로운 아이디어도 점점 더 많이 떠오를 것이다.

매출 증가를 위한 48 분할법 아이디어 체크 시트

1. 가격 인상 전략

단 5%의 가격 인상으로 2배의 이익을 내는 것은 결코 실현 불가능한 일이 아니다. 수익을 적절하게 활용하여 품질 향상을 꾀한다면 그 이상의 가격 인상도 가능하다.

1) 가치 제안 : 품질 향상 같은 더 나은 가치 제안을 통해 가격을 인상한다.

2) 가격 끝자리 수 올림 : 너저분해 보이는 끝자리 수를 올림 하여 깔끔한 인상을 주면서 가격을 인상한다.

3) 자유 변동 가격 : 매입원가뿐만 아니라 서비스의 질에도 가치를 매긴다.

4) 유료화 : 지금까지 무료로 실시했던 서비스나 혜택을 유료로 전환함으로써 무한대의 가격 인상 효과를 꾀한다.

5) 제품의 다양화 : 제품의 품목을 새롭게 하고 내용의 구성도 바꾸어, 실질적으로 가격을 인상한다.

6) 통합 가격 인상 : 가격을 인하할 것과 인상할 것을 설정한 후, 결과적으로 이익이 창출되도록 가격을 인상한다.

2. 고가 전략

제품의 우수성은 인정하지만 값이 비싸다는 이유로 구매를 주저하는 고객에게 가격 이상의 가치를 알린다. 또 이를 통해 기업의 이미지를 재평가받는다.

7) 제품 등급 증가 : 주로 중간 정도의 등급을 선택하는 소비자의 습성을 이용하여, 높은 등급을 선택하도록 하기 위해 제품의 등급을 늘린다.

8) VIP 대우 : VIP 회원을 모집하여 VIP만이 누리는 특별하고 차별화된 부가가

치 상품을 홍보한다.

9) 시험 구매 : 제품의 우수성을 알리기 위해 처음에는 무료나 저렴한 가격으로 제품을 제공하여 시험 구매를 유도한다.

10) 저가 상품 철수 : 자사의 브랜드 가치를 높이기 위해 값이 싼 제품을 철수시 킨다.

11) 제품 추천 : 마케터가 제품을 추천함으로써 구매를 망설이는 고객의 선택 을 도와 구매에 이르게 한다.

12) 특전 제공 : 특전을 부여함으로써 고가의 제품에 대한 구매 의욕을 자극 한다.

3. 묶음 판매 전략

한 번에 여러 개의 제품을 판매함으로써 기업에게는 단기적인 이익을 부여하고, 고객에게는 자사 제품의 구매 습관을 강화한다. 동시에 여러 차례 구매해야 하는 고객의 수고를 덜어 준다.

13) 묶음 티켓 판매 : 묶음 판매를 통해 다음 기회의 이용을 미리 획득한다.

14) 포인트 전환 : 화폐를 포인트 등으로 전환시킴으로써 지금 자신이 돈을 쓰 고 있다는 감각을 둔화시킨다.

15) 선물용 제품 제안 : 선물이나 기념품처럼 나중에 이용할 수 있는 제품을 동

시에 판매한다.

16) 선불제 : 미리 값을 지불함으로써 구매를 포기하지 않도록 한다.

17) 패키지 판매 : 소모품의 재고 품절을 막아 비상시에 대비한다.

18) 반영구적 묶음 판매 : 제품을 미리 제공한 다음 실제로 사용한 분량만큼 지불받고 이를 다시 보충한다.

4. 세트 판매 전략

한 번에 세트로 판매함으로써 2배의 이익을 내고, 제품의 적절한 조합을 통해 고객에게 만족감을 부여한다.

19) 세트 제품 제안 : 종속 제품이나 보완재 등 평소에 세트로 사용하는 제품을 한 번에 구매하도록 유도한다.

20) 옵션 제안 : 옵션으로 붙일 때 본체의 가치가 높아지는 것을 제안한다.

21) 서비스 추가 : 형태가 있는 상품에 형태가 없는 팔로우 업 서비스를 추가한다.

22) 제품 조합 추천 : 마케터가 제품의 적절한 조합을 고객에게 추천한다.

23) 시리즈화 : 컬렉션의 욕구를 자극하기 위해 제품을 시리즈화한다.

24) 자유 조합 : 뷔페처럼 여러 가지 제품을 자유롭게 조합하여 선택할 수 있도록 한다.

5. 반복 구매 전략

고객의 발길이 뜸해지는 가장 큰 이유는 자사의 브랜드가 고객의 기억 속에서 사라지기 때문이다. 이와 같은 상황을 방지하기 위해 고객과의 사이를 이어 주는, 다리 역할을 하는 전략을 구상한다.

25) 포인트 가산제 : 포인트가 누적되면 그 보상으로 우수 상품을 준다.

26) 조기 특전 : 신규 고객을 재빨리 고정 고객화하기 위해 빠른 시기에 특전을 준다.

27) 정보지 발행 : 고객과 직접 만나지 않더라도, 그와 동일한 효과를 얻기 위해 정보지를 통해 커뮤니케이션을 시도한다.

28) 신제품 출시 예고 : 마치 TV 프로그램의 예고편처럼 다음에 어떤 제품이 출시되는지를 알린다.

29) 회원제 : 회원제 고객에게는 회원 간 만남의 장을 제공함으로써 고객의 기대감을 부추겨서 참가를 유도한다.

30) 감사 행사 : 고객의 생일 등에 축하 메시지를 보냄으로써 친근감을 느끼게 해 구매를 반복하게 만든다.

6. 제품 소개 전략

자사 제품에 대한 좋은 평가가 곧바로 타인에 대한 제품 소개나 구매 권유로 이어지는 것은 아니다. 제품을 적극적으로 권유할 수 있는 환경을 마련함으로써 기업과 고객 모두의 만족을 이끌어낸다.

31) 입소문 특전 : 고객을 소개할 때의 이익을 명확하게 밝히고, 소개하는 쪽과 소개받는 쪽 모두에게 특전을 부여한다.

32) 이벤트 개최 : 비일상적인 장을 제공함으로써 새로운 고객의 소개와 참여를 적극적으로 유도한다.

33) 가족 특전 : 기존 고객의 가족으로 타깃을 좁혀서 제품을 소개하도록 유도한다.

34) 샘플 제공 : 가까운 사람들에게 샘플을 제공하도록 하여 고객의 확대를 꾀한다.

35) 초특가 상품 : 초특가 상품을 만들어 자사의 제품을 쉽게 소개할 수 있도록 한다.

36) 여성과 어린이 고객 우대 : 여성과 어린이 고객을 우대함으로써 입소문 적극적으로 협조하도록 유도한다.

7. 상권 내 전략

주변에는 구매 동기가 없어 아직 자사 제품을 이용하지 않는 잠재 고객도 있다. 그와 같은 기회 손실이 발생하지 않도록 철저하게 전략을 세운다.

37) 제품명 간판 : 지나가는 사람들이 제품을 한눈에 알아볼 수 있도록 간판을
만든다.

38) 통신 이용 : 가까이에 있지만 갈 기회가 없는 고객에게 우편 등을 이용한 판
촉 활동을 한다.

39) 지역 공헌 : 지역의 행사에 참가하여 소비자들과 적극적으로 커뮤니케이
션을 한다.

40) 시연회 : 점두에서 퍼포먼스를 함으로써 주의를 집중시켜 제품의 인지도
를 높인다.

41) 지역 기업 상호 소개 : 그 지역의 동종 타사와 협력하여 서로를 알린다.

42) 시식 : 보행인에게 샘플을 배포하여 관심을 끈다.

8. 상권 외 전략

자사의 우수한 제품이나 서비스를 좀 더 많은 사람이 이용하기 바
란다면 대외적으로 그 내용을 알려야 한다. 이를 통해 시장 확대를 꾀
할 수 있다.

43) 광고 : 비용 대비 효과를 늘 체크해서 효과적인 광고를 제작한다.

44) 고객 명단 DM : 명단을 작성하여 잠재 고객에게도 적극적으로 DM(다이렉트 메일)을 발송한다.

45) 대중매체 활용 : 사회에 공헌하는 활동이라면 이를 대중매체에 발표하는 등 적극적으로 대중매체의 힘을 빌린다.

46) 인터넷 활용 : 인터넷으로만 구매하는 고객을 놓치지 않도록 온라인 구축망을 정비한다.

47) 대리점 모집 : 자사의 제품을 판매해 줄 대리점을 모집하여 판로를 확대한다.

48) 언론 활용 : 집필이나 강연을 통해 유익한 정보의 발신원이 된다.

전체적으로 대강 아이디어를 생각해 냈다면 이제 자는 일만 남았다. 다음 날 아침 업무를 시작할 때, 다시 한번 아이디어 체크 시트를 읽는다. 이때 떠오르는 아이디어를 다른 종이에 조목별로 적고 내용을 정리한다.

STEP 2 우선순위 결정

당신이 잠자는 사이에 매출 증가에 대한 많은 아이디어가 떠올라 있을 것이다. 모든 아이디어를 동시에 실행하기는 곤란하므로, 먼저 아이디어에 우선순위를 매긴다. 이때 두 가지 기준을 따른다. 하나는 아이디어를 실행했을 때 기대할 수 있는 '효과'이고, 다른 하나는 아이디어 실행의 '난이도'이다. 즉 '효과가 높고 실행이 쉬운 정도'에 따라 순위를 매긴다.

 일정 계획

우선순위가 명확해졌다면, 이제 실행 일정을 잡으면 된다. 한 번에 모든 아이디어를 실행한다고 해서 반드시 최대의 효과를 얻는 것은 아니다. 자신의 현재 상황과 '사람 · 제품 · 금전 · 유행 · 타이밍' 등의 요소를 고려하여 아이디어를 실행할 구체적인 일정을 계획한다.

실행 → 검증 → 수정 → 재실행

아이디어를 실행했다면, 그 다음은 이론대로 검증하고 수정하고 재실행하는 과정을 반복한다. 많은 아이디어가 떠올랐을 것이므로 만약 생각대로 잘 되지 않는 경우에는, 같은 아이디어를 몇 번이고 수정해서 재실행하기보다는 다른 아이디어에 도전하는 것도 하나의 방법이 될 수 있다.

6 자는 동안 문제를 해결하는 방법 - 9단계

내가 평소 경영 컨설턴트로서 하는 업무 중에는 고객의 문제를 해결하는 업무도 있다. 회사든 개인이든 정도의 차이는 있겠지만, 문제는 늘 있게 마련이다. 아무런 문제도 없는 회사나 고민 한 점 없는 사람은 아마 없을 것이다.

일반적인 문제 해결 방법은 고객과의 상담 과정에서 바람직한 해법을 끌어내는 것인데, 사실 이 문제 해결 과정에 두 가지 포인트가 있다.

첫째는 **'답, 즉 해결법은 반드시 고객의 마음속에 있다'**는 것이다. 고객은 이미 자신의 잠재의식 속에서 바람직한 해결법이 무엇인지 알고 있다. 다만, 그 해결법을 선택할 자신이나 용기가 없을 뿐이다. 자신의 문제를 컨설턴트에게 상담함으로써 납득하고 안심하려고 하는 것이다. 그래서 컨설턴트에게 자신의 문제를 상담한다는 것은 고객이 이미 자신의 문제를 소화하고 있다는 사실을 알려 주는 척도와 같다고 할 수 있다.

둘째는 '**원인이 아니라 결과에 주목하라**'는 것이다. 예로부터 유명한 성공 법칙 중 하나에 제임스 알렌(James Allen)의 '원인과 결과의 법칙'이 있다. 나 역시 그 이론에 동감한다. 그러나 '원인주의적' 사고방식으로 접근하다 보면, 아무래도 원만하게 해결되지 못한 점이나 실패의 원인 같은 부정적인 면에 초점이 맞춰지기 쉽다. 그리고 부정적인 면을 극복하기 위한 방법에만 의식이 집중되기 때문에, 새로운 관점이나 조건과 같이 성공을 위해 필요한 면을 간과할 가능성이 커진다. 그래서 나는 '결과주의'에 바탕을 두고 고객이 '원하는 결과'에 초점을 맞춰, 그 결과를 끌어내기 위한 방법과 아이디어를 생각해냄으로써 보다 좋은 해법을 찾는 컨설팅 방법을 채용하고 있다.

이런 문제 해결 방식은 내 자신의 문제나 고민을 해결할 때도 똑같이 적용된다. 다만, 고객과 다른 것이 한 가지 있다. 나는 자는 동안 문제를 해결한다는 것이다. 지금부터 그 문제 해결법을 소개하기로 한다.

자는 동안 문제를 해결하는 방법 - 9단계

 심신의 이완

몸과 마음의 긴장을 푼다. 의자에 편하게 앉아 가볍게 눈을 감는다. 3번 천천히 깊게 호흡하면서 마음을 차분하게 만든다.

 문제점을 추출한다

문제가 된 것을 생각나는 대로 종이에 써 넣는다. 아무리 사소한 것이라도 상관없다. 조금이라도 불안하게 느껴지는 점들은 모두 종이에 적어서 그 의미를 명확하게 한다.

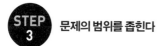 문제의 범위를 좁힌다

종이에 적은 것 중에서 가장 큰 문제점을 한 가지 뽑는다. 골똘히 생각하거나 너무 비교하지 말고 직감적으로 선택하면 된다. 인간의 심리란 여러 가지 작은 문제가 해결되어도 크게 문제가 될 만한 일이 하나라도 남으면 기분이 개운하지 않은 법이다. 반대로 크게 불안한 문제가 해결되면 작은 문제는 아무리 많아도 그다지 초조하지 않다.

STEP 4 자신이 원하는 이상적인 결과를 상상한다

'결과주의적' 사고방식으로 문제가 완전히 해결되었을 때의 상황을 마음속에 그린다. '어떻게 하면 문제가 해결될까?' 또는 '○○가 있으면 해결될 수 있을 텐데……'라는 식의 생각은 절대 하지 않는다. 자신은 이미 문제 해결에 필요한 모든 조건을 갖고 있다고 믿는다.

눈을 감은 채 문제가 해결되었을 때의 상쾌한 기분과 충만감을 맛보기 바란다. 마음이 고요해질 것이다.

STEP 5 그림이나 문장으로 표현한다

당신의 문제가 해결된 장면을 해피엔드 영화의 마지막 장면이라고 가정하고, 그 장면을 간단한 그림이나 문장으로 표현해 본다.

드디어 당신의 문제가 해결되었다. 바로

● 그때 당신은 어디에 있나요?

● 그때 당신은 무엇이 보이나요?

● 그때 당신은 누구와 있나요?

● 그때 당신은 어떤 이야기를 하고 있나요?

● 그때 당신은 어떤 소리가 들리나요?

● 그때 당신은 어떤 냄새가 느껴지나요?

● 그때 당신은 어떤 기분인가요?

그림이나 문장은 꼭 한 번에 완성하지 않아도 된다. 매일 몇 번이고 반복해서 머리에 떠올리면 이미지가 구체화되고 고정되어 사실감이 점점 더 커진다. 그 사이에 새로운 이미지가 떠오르면 그림에 추가하거나 고쳐 그린다.

STEP 6 첫걸음

이제 문제가 해결된 해피엔드의 마지막 장면의 이미지가 완성됐다. 지금부터는 이 미래의 마지막 장면을 향해 내일 아침 가장 먼저 해야 할 구체적인 행동을 생각한다. 너무 깊이 생각할 필요는 없다. 직감에 따라 'ㅇㅇ에게 메일을 보냈다' 또는 '인터넷에서 ㅇㅇ에 대해 조사했다'처럼 쉽게 실천할 수 있는 행동을 찾아 적는다. 자신이 이해할 수 있다면 어떤 식으로 표현해도 상관없다. 중요한 것은 **과거완료형으로 나타내는 것**이다.

잠재의식은 입력된 정보가 '참인지 거짓인지' 분간하지 못한다. 따라서 당신은 이미 'ㅇㅇ에게 메일을 보냈다'고 믿고서 자동적으로 메일을 보낸 다음 취해야 할 행동들을 순서대로 생각해 낼 것이다.

STEP 7 수면

'첫걸음'을 썼다면 해피엔드의 마지막 장면을 묘사한 그림을 다시 한번 보고, 그 이미지를 마음속에 떠올린다. 다음 단계는 수면이다. '레미니선스 효과' 부분에서 자세히 설명한 것처럼, 당신이 잠든 사이에 당신의 마술 램프(잠재의식)가 이 해피엔드의 마지막 장면을 위한 모든 준비를 해 놓을 것이다.

이를테면 'ㅇㅇ 씨에게 전화를 했다', 그 다음은 '△△에게 ㅁㅁ의 일로 상담을 하고', 그 다음은 ……라는 식으로 차례대로 이미지를 확장하면서 자동으로 업무를 진행해 줄 것이다. 물론 잠재의식은 당신이 아침에 일어난 후에도 24시간 쉬지 않고 일한다. 생각만 해도 편하다.

STEP 8 　기상, 그림 확인

　푹 자고 나서 상쾌한 기분으로 눈을 떴다면, 다시 한번 해피엔드의 마지막 장면을 묘사한 그림을 본다. 그러면 당신이 잠자는 동안 잠재의식이 찾아낸 몇 가지 해결법과 확인 사항들이 머리에 떠오를 것이다.

　이 방법에 익숙해지고 확신을 갖기 전까지는, 크고 어려운 문제는 하룻밤 안에 해결하기 어려울 수도 있다. 그러나 나와 내 고객의 경험으로는, 3~7일 동안 매일 잠들기 전에 그림을 보고 문제가 해결된 장면을 머릿속에 떠올려서 그 기분을 충분히 느끼며 잠자리에 들다 보면, 어느 날 문득 해결책이 떠오른다.

며칠 동안 꾸준히 잠들기 전에 6~8단계를 반복한다. 6단계의 '첫걸음'에서는 매일 다른 내용이 생각날 것이므로 그림의 빈자리에 그 '새로운 첫걸음'을 과거완료형으로 써 넣는다. 도무지 다른 내용의 '첫걸음'이 생각나지 않는다면, 그날은 같은 내용을 다시 한번 적고 나서 잠자리에 든다.

문제가 해결된 장면을 묘사한 그림은 하루에 몇 번을 보아도 좋다. 많이 볼수록 해결법이 쉽게 떠오른다. 그림을 복사해서 머리맡이나 책상에 붙여 두거나, 축소 복사해서 수첩에 끼워 두고 틈날 때마다 들여다보는 것도 효과가 있다.

Dreaming 05

잠자면서
나를 새롭게 바꾼다

1 긍정적인 말의 힘으로 꿈을 실현한다

인간은 살아가면서 아무리 사소한 일이라도 성공한 경험을 많이 쌓음으로써 긍정적인 가치관과 사고방식을 갖게 된다. 그런데 우리는 태어나서 성인이 되기까지 주변 사람들이나 TV, 라디오 등의 미디어를 통해 **평균 약 15만 번의 부정적인 말을 듣고 자란다**고 한다. 대수롭지 않은 일이라도 계속 실패를 거듭하다 보면 의욕을 잃게 마련이다. 그렇게 되면 어떤 일에 대해서도 선뜻 도전하기가 쉽지 않다.

그런데 새로운 일에 도전하려 할 때 당신의 충직한 지지자가 되어주는 것이 있다. 바로 **'어퍼메이션(affirmation)'**이다. 어퍼메이션이란 당신의 꿈과 목표를 실현하기 위해 의식적으로 행하는 긍정적인 자기 설득의 화술을 말한다. 낯설고 어려운 일에 도전할 때, 먼저 그 일이 성공했을 때의 모습을 머릿속으로 상상하면서 과거완료형으로 '○○가 되었다'며 실제 행동에 앞서 소리 내어 말하면 소망하고 목표하는 일이 쉽게 실현된다는 것이다.

인간의 뇌는 '안정화'를 지향하는 속성이 강하다. 그래서 자신이 이미 말한 일에 대해서는 말한 그대로의 상태를 유지하려고 작용한다.

예를 들어 초등학생 어린이가 '5단짜리 뜀틀'에 처음으로 도전한다고 하자. 먼저 "나는 5단을 넘었다"고 말하고 나서 뜀틀을 넘게 하면 비교적 빨리 5단 넘기에 성공할 수 있다. 그리고 한 번 5단을 넘게 되면 5단에 대한 정신적인 벽, 즉 공포심이 없어지고 아무 망설임도 없이 몇 번이고 5단을 넘을 수 있다. 그리고 다음에는 6단 넘기에 도전하는 적극적인 자세를 갖게 된다. 그러나 어떤 일에서든 성공한 경험이 적거나 5단 넘기에 번번이 실패한 아이라면 아무리 긍정적인 어퍼메이션을 시도해도 '나한테는 무리야' 또는 '전에도 실패했는걸'과 같은 마음의 벽에 가로막혀 무의식중에 실패로 이끌리게 된다. 이러한 마음의 벽을 **'멘탈 블록(mental block)'**이라고 한다. 이미 몇 차례나 5단을 넘지 못한 아이에게 무리하게 과거완료형으로 "나는 5단을 뛰어넘었다"며 어퍼메이션을 시도하면 아이의 잠재의식 속에서 거부감이 생긴다. 그 결과 자신이 몇 번이나 "나는 5단을 뛰어넘었다"고 말했는데도 불구하고 번번이 실패한 까닭은 '5단을 뛰어넘는 일은 어렵기 때문'이라고 마음속에 각인시키고 만다. 그러면 멘탈 블록은 더욱 강해지고 결국 아이는 더 이상 뜀틀을 넘을 수 없게 된다.

성공한 경험이 많은 사람에게는 **과거완료형의 어퍼메이션이 소망을 실현하는 가장 빠른 지름길이다.** 그러나 실패한 경험이 더 많거나, 이미 몇 차례 시도했지만 뜻대로 되지 않았던 일에 재도전하는 경우라면, **"나는 지금 5단을 뛰어넘고 있다"**처럼 **현재진행형의 표현**이 멘탈 블록의 저항감을 줄이는 데 효과적일 수 있다. 꼭 한 번 시험해 보기 바란다.

2 좋아하는 음악으로 내적인 힘을 키운다

지난 시드니 올림픽 마라톤 경기에서 금메달을 딴 다카하시 나오코 선수의 이야기를 할까 한다.

그녀는 경기 시작 전에 다른 선수들이 심각한 표정으로 출발점을 지키고 있는 동안 이어폰을 낀 채 음악을 들으며 리듬을 타고 있었다. 이 모습이 뉴스를 통해 몇 번이나 전해지면서 많은 사람에게 유명한 장면으로 기억되고 있다. TV의 해설자는 "다카하시 선수는 긴장을 하지 않나 봅니다"라거나 "이럴 때 음악을 듣다니 여유가 있군요"라고 말했지만, 사실 이것은 정신 훈련 기법 중 하나인 '**사이킹 업**(psyching

up, 선수의 잠재적인 경기력을 충분히 발휘시키기 위해 심신의 긴장이나 흥분수준을 최적 상태로 높이는 심리적 기법)'이라는 것이다.

경기 전에 자신이 좋아하는 업템포의 흥겨운 곡을 큰 소리로 들음으로써 외부로부터 유입되는 불필요한 정보를 차단하고, 동시에 음악에 몰입함으로써 자신의 내면에 있는 불안이 밖으로 표출되지 못하도록 억누른다. 이 기법은 어떤 곡을 반복해서 들으면서 **그 곡을 들을 때 기운이 샘솟고 활력이 넘쳐흐르는 자신의 이미지**를 상상하는 것이다. 오감을 사용한 이미지 훈련 기법으로 나중에는 그 곡만 들으면 저절로 힘이 솟구치고 기분이 고조되게 된다.

음악을 좋아하는 나는 예전부터 이 기법을 사용하고 있다. 곡의 선택은 기분에 따라 또는 때에 따라 다르지만, 최근에는 세미나나 강연회에 앞서 내 자신의 긴장을 최적 상태로 높이기 위해 스키마스이치의 〈전력소년全力少年〉이란 곡을 듣고 있다. 이 곡으로 용기를 얻은 사람이 나뿐만은 아닐 것이다.

그런데 나는 이 기법을 아침 기상 시간에도 활용한다. 아침은 하루의 시작이다. 아침을 상쾌하게 맞이했는지 아닌지에 따라 그날 하루의 기분이 달라진다. 나는 매일 아침 자명종 시계 대신 오디오의 타이머에 설정해 둔 음악으로 하루를 연다. 얼 클루(Earl Klugh)의 명곡 〈드림 컴 트루Dream come true〉를 바이올리니스트 테라이 나오코가 연주한 것이다. 도입부의 피아노 연주에 이어 테라이 나오코의 바이올린이 부드럽게 시작되고, 정말 꿈은 이루어진다며 말하는 듯 점점 더 힘차게 전개되면서 아침의 나른함을 깨운다. 매일 아침 이 곡이 끝날 무렵이면 **'역시 꿈은 이루어지는 거야'라고 확신하면서** 내 안에서 조용히 타오르는 불씨 같은 것을 느낀다.

오늘부터라도 '용기가 필요할 때'나 '우울할 때' 또는 '긴장을 풀고 싶을 때'와 같은 상황에 맞추어, 자신이 좋아하는 음악을 정해 놓고 '그 곡을 들으면 반드시 ○○된다'고 훈련을 해보는 것은 어떨까.

3 새로운 셀프 이미지를 만든다

인간은 누구나 잠재의식 속에 과거의 경험을 바탕으로 만들어진 자신의 셀프 이미지(자기상)를 갖고 있다. 그리고 잠재의식은 셀프 이미지 그대로의 나를 실현하고자 한다.

만약 당신의 잠재의식 속의 셀프 이미지가 성공하거나 행복하거나 부유한 사람 같은 긍정적인 이미지라면 좋겠지만, 반대로 **패배하거나 낙오되거나 빈곤하거나 남들로부터 ○○한 녀석으로 불리는 부정적인 이미지라면 어떨까?**

잠재의식은 바로 그 셀프 이미지를 실현하고자 연중무휴 24시간

충실하게 일한다. 그래서 만약 당신 앞에 행운의 여신이 나타나면 무의식적으로 그 기회를 망치려 들지 모른다. 생각하면 오싹해진다.

그렇다고 자신의 잠재의식 속의 셀프 이미지가 어떤 것인지 걱정하거나 찾아내려 할 필요는 없다. 그보다 더욱 확실하게 성공에 가까이 다가갈 수 있는 방법이 있다. 바로 새로운 셀프 이미지를 만들면 된다. 그것을 잠재의식에 각인시켜서, 잠재의식 속의 자신의 낡은 셀프 이미지를 새로 만든 셀프 이미지로 바꾸는 것이다.

직장에서나 운동 경기에서나 리더는 '나는 리더다'라고 다짐하거나 자각하는 순간부터 인성이 바뀌고 리더다워지지 않던가? 인간의 행동은 자기 인식에 바탕을 두고 이루어지지만, 인간의 뇌는 안정을 유지하려는 성향이 강하다. 그래서 '나는 리더다'라고 계속 생각하면 저절로 리더답게 생각하고 행동하게 된다. 미국의 성공철학자 나폴레온 힐(Napoleon hill)은 "마음먹고 믿는 것은 이루어진다"고 했다. 이 역시 뇌의 이와 같은 특성에 근거한 말이다.

다음의 훈련을 통해 성공의 문을 열고 '내가 원하는 나'로 변신하기 위한 새로운 셀프 이미지를 만들어 보자.

새로운 셀프 이미지 만들기 - 7단계

 **심신의 이완**

    몸과 마음의 긴장을 푼다. 의자에 편하게 앉아 가볍게 눈을 감는 다. 3번 천천히 깊게 호흡하면서 마음을 차분하게 만든다.

STEP 2 당신이 이루고자 하는 꿈과 목표를 마음속에 그린다

잠재의식에는 참과 거짓에 대한 기준이나 시간의 개념이 없다. 그 래서 당신이 상상하는 이미지가 참인지 아닌지 또 그것이 과거, 현재, 미래의 어느 시점에 속하는 것인지 구분하지 못한다. 이와 같은 메커 니즘을 알게 되면 영화의 해피엔드처럼 '이미 꿈과 목표가 이루어진 미래의 모습'을 상상하는 것이, 곧 그 꿈과 목표를 하루라도 빨리 실현 시키는 비결이라는 것을 알 수 있다. 아주 작은 일이라도, 반대로 굉 장히 큰 문제라도 상관없다. 아무런 제한이 없기 때문이다.

당신은 이미 그 꿈과 목표를 현실화하는 데 필요한 모든 조건을 갖 고 있다. 충분한 시간과 자금과 상품과 기술과 인맥과 협력자까지 모 두 마련되어 있다. 그러니 무조건 많이 바라고 요구한다.

STEP 3 이루고자 하는 꿈과 목표를 종이에 적는다

당신이 원하는 꿈과 목표가 어느 정도 떠올랐다면 그것을 종이에 적어 본다. 쓰는 동안에도 계속 새로운 항목들이 떠오를 것이다. 거침 없이 적어 넣는다. 제대로 된 문장으로 만들려 하지 말고 **키워드나 조목 별**로 쓰면 된다. 하나하나를 완벽한 문장으로 쓰려다 보면 생각이 끊

어질 수 있다.

당신이 제시하는 키워드나 문장에는 오답이 없다. 내용을 연상할 수 있는 단어라면 모두 정답이다. 단어보다는 이미지가 잠재의식을 활동하게 만든다. 따라서 그 단어를 읽고 연상되는 이미지를 더 중요하게 생각한다.

 이루고 싶은 꿈과 목표를 한 가지 선택한다

종이에 적은 꿈과 목표에 우선순위를 매긴다. 그리고 시간을 두고 곰곰이 생각해서 우선순위 1위를 결정한다. 우선순위 1위의 꿈과 목표가 이루어지면 이번엔 우선순위 2위를 실현하기 위해, 그리고 그것이 이루어지면 다시 우선순위 3위를 실현하기 위해 셀프 이미지를 새로 만든다.

목표를 하나로 좁히면 잠재의식이 힘을 더 쉽게 발휘한다. 욕심내지 말고 한 가지씩 확실하게 소망하고 추구하는 것들을 이루어나간다.

STEP 5 **꿈과 목표에 달성 기한을 정한다**

반드시 이루고자 하는 꿈과 목표가 정해졌다면, 이번에는 그것을 언제까지 이루고 싶은지 달성 기한을 정한다. '언젠가 이 꿈이 이루어 졌으면 좋겠다'는 식으로 막연하게 생각하는 것보다 명확하게 기한을 정하는 것이 잠재의식 속에서 더욱 큰 효력을 발휘한다. 그러므로 '이 정도라면 해볼 만하다'고 생각되는 달성 기한을 결정한다. 물론 이것 이 부담스럽다면 무리할 필요는 없다. 꿈과 목표를 이룰 수 있다는 자 신감이 생기면 그때 날짜를 적어 넣어도 좋다.

STEP 6 꿈과 목표를 그림으로 표현한다

이번에는 꿈과 목표가 실현된 모습을 상상한다. 당신이 주인공인 영화 〈드림 컴 트루Dream come true〉 1편의 해피엔드 마지막 장면 이다.

다음 질문에 답하면서 그때마다 생각나는 키워드를 써 넣고, 이를 그림으로도 나타내본다. 아니면 꿈과 목표의 실현을 연상할 수 있는 사진을 준비해도 좋다.

그림이나 문장은 한 번에 완성하지 않아도 된다. 매일 몇 번이고 반 복해서 머리에 떠올리다 보면 이미지가 구체화되고 고정되어 사실감 이 점점 더 커진다. 그 사이에 새로운 이미지가 떠오르면 그림에 추가 하거나 고쳐 그린다.

드디어 당신의 꿈과 목표가 이루어졌다. 바로

- 그때 당신은 어디에 있나요?

- 그때 당신은 어떤 옷을 입고 있나요?

- 그때 당신은 어떤 표정을 짓고 있나요?

- 그때 당신은 누구와 함께 있나요?

- 그때 당신은 어떤 이야기를 하고 있나요?

- 그때 당신은 무엇이 보이나요?

- 그때 당신은 어떤 소리가 들리나요?

- 그때 당신은 어떤 냄새가 느껴지나요?

- 그때의 충만감과 감동을 느껴 보세요.

 STEP 7 새로운 셀프 이미지를 완성한다

마지막으로 꿈과 목표가 이루어졌을 때의, 당신의 새로운 셀프 이미지를 자유롭게 말로 표현한다. 다음의 키워드 예를 참고하면서 생각나는 이미지의 키워드를 차례로 적은 다음 마지막에 정리한다.

셀프 이미지를 위한 키워드의 예

다음의 키워드 예를 참고로 자신의 새로운 셀프 이미지를 생각해 보자.
물론 여기에 없는 키워드라도 좋다.
이미지를 쉽게 떠올릴 수 있는 표현을 고른다.

예)

전국 넘버원 ○○ 세일즈맨

한국을 ○○하는 CEO

고객을 행복하게 만드는 ○○ 플래너

어린이의 미래를 ○○하는 열정적인 교사

●●표현의 예

슈퍼

카리스마

위대한

천재적인

열정적인

적극적인

마음을 치유하는

●●업종의 예

프로듀서

컨설턴트

세일즈 전문가

교사

코치

운동선수

지도자

엔지니어

●● 지위의 예

대통령, 사장, 총재, 총장, 의장

경영진, 중역, 관리직

감독, 장관, 이사, 교장

매니저

간부

새로운 셀프 이미지가 완성되었다면 다음 페이지의 '새로운 셀프 이미지 실현 시트'에 자신의 이름을 적어 서명을 한다. 이 시트를 여러 장 복사한 다음 머리맡이나 화장실, 책상 등에 붙여 두거나, 수첩 또는 지갑에 넣고 다니면서 틈날 때마다 본다. 많이 볼수록 효과가 빨리 나타나고 실현 시간도 빨라지므로 의식해서 자주 보도록 한다.

또 시트의 내용을 잠자리에 들기 전과 아침에 잠에서 깼을 때 소리 내서 읽는다. 목표가 시각과 청각을 통해 잠재의식에 입력되므로 더욱 효과적이다. 새로운 셀프 이미지는 명함 한편에 적어 넣거나, 자신을 소개할 때 언급하면 잠재의식에 더욱 뚜렷하게 새겨진다.

꿈과 목표를 묘사한 그림이나 사진을 컴퓨터 바탕화면이나 휴대전화 화면으로 설정해두는 등 자주 볼 수 있는 기회를 만들면 더욱 좋다.

새로운 셀프 이미지 실현 시트

이루고 싶은 꿈과 목표

달성 기한

년   월   일까지

나의 셀프 이미지

"나는 여기에 나의 꿈과 목표 그리고 새로운 셀프 이미지를 실현할 것을 선언한다!"

년   월   일

서명

그림이나 사진

4 잠들기 전에
마법의 주문을 건다

드디어 지금의 나를 '내가 원하는 나'로 바꾸기 위한 새로운 셀프 이미지가 완성되었다. 그렇다면 이제부터 이 새로운 셀프 이미지 실현 시트를 단지 보는 것에서 그치지 않고, 매일 밤 소리 내어 읽으면서 자신에게 되풀이해서 들려준다. 앞에서 말했듯이, **인간의 뇌는 안정화를 지향하는 성향이 매우 강하다**. 따라서 매일 몇 번이고 같은 말을 하거나 들으면, 말하고 들은 그대로의 이미지에 점점 더 가깝게 다가가게 된다.

생각한 것을 '말로 표현하는 것'은, 생각만 하는 것에 비해 목표를 실현하는 데 더 큰 힘을 발휘한다. 인간은 아이디어를 생각해낼 때 먼저 우뇌에서 이미지를 그린다. 우뇌는 언어가 아닌 이미지로 정보를 처리하기 때문에, 떠오른 이미지를 보다 구체화하려 할 때는 우뇌와 좌뇌를 연결하는 다리 역할을 하는 뇌량(腦梁)을 경유하여 좌뇌로 정보를 보낸다. 이를 좌뇌에서 언어화하여 이미지를 고정시킨다. '말로 표현하기' 위해서는 좌뇌에서 이미지를 명확한 언어로 변환시켜야 하기 때문에 더욱 구체적인 이미지가 머릿속에 떠오르게 되고, 그것은 잠재의식에 뚜렷이 새겨진다.

또 생각한 것을 말로 나타내려면 성대나 얼굴의 근육을 사용해야 한다. 잠재의식은 그 일 역시 기억한다. 게다가 소리 내어 말하면 그 내용이 귀(청각)를 통해 다시 한번 뇌로 들어간다. 똑같은 정보라도 생각만 하는 것에 비해 몇 배나 더 많이 뇌로 입력되어, 뇌의 안정화 지향을 한층 더 촉진시킨다.

당신도 다음 훈련을 통해 '내가 원하는 나'로 변신하기 위한 어퍼메이션(긍정적 자기 암시) 문구를 만들고, 이를 소리 내어 다짐한 다음 잠자리에 드는 습관을 들이기 바란다.

[마법의 자기 암시문 만들기]

다음 예를 참고로 하여 '내가 원하는 나'로 변신하기 위한 새로운 셀프 이미지를 표현한 암시문을 만든다.

예) ○○○는 '대한민국에서 제일가는 자동차 세일즈맨'이다.
　　매일같이 고객으로부터 '역시 ○○○ 씨한테 구입하기를 정말 잘했
　　다'는 감사의 말을 들어 행복하다.
　　오늘도 '1'대를 판매했다.
　　고맙습니다.

　[　] 안을 채워서 '내가 원하는 나'로 변신하기 위한 암시문을 만든다.
　주어진 예나 형식에 얽매이지 말고 스스로가 감동할 만한 문구로 자유롭게 표현한다.

○○○는 [　　　　　　　　　　]이다.
매일같이 [　　　　　　　　　　]라서 행복하다.
오늘도 [　　　　　　　　　　]를 할 수 있었다.
고맙습니다.

5 긍정적인 자기암시로
하루를 시작한다

꿈을 실현하는 데 아침에 잠자리에서 일어났을 때의 20분은, 밤에 잠들기 전 5분과 마찬가지로 중요한 시간이다. 잠에서 막 깨어나 몽롱한 상태는 잠들기 전의 입면 상태와 마찬가지로 각성과 수면의 중간에 위치한다. 우리의 현재의식(단기 기억)을 주관하는 전두엽은 잠이 깬 후 20분이 지나야만 충분히 활동하는 것으로 알려져 있다. 또 기상 직후에 주의력이나 인지능력이 떨어지는 것도 바로 이 때문이라고 한다.

이 시간대의 인간의 사고는 완전히 깨어 있을 때보다 자유롭기 때문에 다양한 연상이 일어날 수 있다. 게다가 다행스럽게도 이 시간대는 '나한테는 도저히 무리야', '나 같은 게……', '어차피'와 같은 멘탈 블록도 쉽게 작용하지 않는다.

따라서 어퍼메이션 문구나 새로운 셀프 이미지를 표현한 암시문은 잠들기 전과 마찬가지로 아침 기상 시간에도 소리 내서 읽는 것이 좋다. 당신의 꿈과 새로운 셀프 이미지의 실현 속도가 더욱 빨라질 것이다. 반드시 매일 아침 실천하도록 하자.

꽤 오래전 이야기지만, 나는 한때 내가 만든 셀프 이미지의 어퍼메이션을 내 목소리로 CD에 녹음한 다음 오디오의 타이머를 이용해서 매일 아침 자명종 시계 대신 사용했다.

'나카이 다카요시는 ○○이다.'

'□ □ □ □ 프로젝트는 크게 성공했다.'

'△△△△은 목표액의 120%를 달성했다.'

· · · · · ·

· · · · · ·

· · · · · ·

'고맙습니다.'

(1세트)를 여러 차례 반복해서 녹음한다.

이렇게 내가 원하는 바를 과거완료형으로 나타냈다. 익숙해지기 전까지는 조금 어색하지만, 효과 면에서는 뛰어나다. 가족들의 불평만 없다면 용기를 내서 한 번쯤 시도해 보기 바란다(웃음).

Dreaming **06**

일과 인생의 활력을 높이는
수면의 기술

1 낮잠은
하루 15분이 알맞다

수면의 기본은 밤에 6시간 이상 깊은 잠을 자는 것이다. 그런데 이와 다른 형태의 수면도 있다. '낮잠'이나 '선잠' 또는 수면에 가까운 효과를 내는 '명상'이다. 이 장에서는 이러한 수면 형태의 효용을 검증하고, 아울러 밤 수면의 질을 높이는 방법을 제시하려고 한다. 이를 알고 실천한다면 당신도 '수면의 달인'이 될 수 있다.

지중해 연안이나 중남미의 무더운 지역에서는 정오부터 오후 3시경까지 모든 사람들이 점심 식사와 낮잠을 위한 휴식 시간을 갖는다. 이것을 '시에스타'라고 하는데, 스페인어로 '낮잠'이라는 뜻이다. 식후

밀려오는 졸음에 대한 경험은 누구나 있을 것이다. 음식을 먹으면 체내의 많은 혈액이 소화를 위해 사용되는데, 이 과정에서 뇌에 공급되던 혈액이 줄어들기 때문에 나타나는 현상이다.

그러나 식사 직후가 아니더라도, 또 전날 **충분히 수면을 취했어도**, **오후 2시 정도가 되면 졸음이 쏟아지는** 경우가 있다.

졸음운전으로 인한 교통사고도 이 시간대에 많이 일어난다고 한다. 이것은 **서커디언 리듬(일주기 리듬)**에 기인하는 것으로, 인간의 졸음은 생체시계에 의해 제어된다. 졸음의 일주기 리듬에 따르면 하루 중에서 먼저 오후 2시경이 되면 상당히 졸리도록 설정되어 있다. 그리고 밤의 절반에 걸쳐 졸음이 깊어지고, 오전 4시경에 정점에 도달한 다음 아침이 되면 자연히 눈이 떠진다.

낮잠은 뇌의 정보처리 능력을 향상시키고, 피로를 회복하며, 혈압이나 맥박을 늦추는 긴장이완 효과가 있다. 낮잠을 자게 했더니, 실수가 줄어들고 작업 효율이 높아졌다고 하는 보고도 많이 있다.

가장 알맞은 낮잠 시간은 15분으로 알려져 있다.

이것은 수면의 깊이와 관련이 있다. 건강한 성인의 일반적인 수면 과정을 살펴보면 다음과 같다.

가장 먼저 꾸벅꾸벅 조는 상태(수면의 제1단계)로 들어간다. 그리고 잠들기 시작해서 5~10분이 경과하면 조금 더 깊은 수면(수면의 제2단계)으로 접어든다. 이 상태는 호흡이 규칙적이 되며 비교적 얕은 수면의 단계다. 잠든 지 20분이 경과하면 보다 깊은 제3단계 수면으로, 그리고 30분이 경과하면 가장 깊은 제4단계 수면에 이르게 된다. 수면의 단계를 확인하기 위해서는 뇌파를 측정하는데, 수면의 제3, 4단계가 되면 진폭이 크고 주파수가 느린 뇌파인 델타파(δ파, 서파)가 나온다. 그래서 제3, 4단계 수면을 서파 수면이라고 한다.

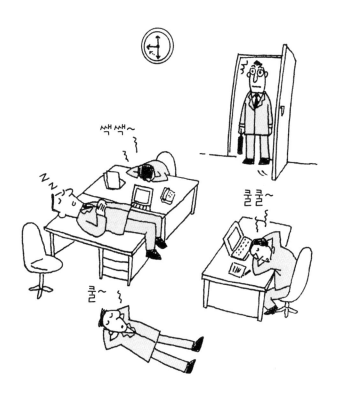

서파 수면 중에는 성장호르몬의 분비가 활발해지고, 낮 시간에 소모한 세포의 수복과 재생이 이루어지며, 근육이나 내장도 수복되어 피로를 회복한다. 하루의 수면 시간 중에서 서파 수면이 차지하는 시간은 거의 한정되어 있다.

따라서 낮에 너무 긴 서파 수면을 취하면 그만큼 밤의 서파 수면 시간이 줄어들므로 잠이 잘 오지 않는다. 또한 신체의 피로를 회복하는 시간이 단축되므로 수면 시간이 충분한 경우에도 잠이 깨었을 때 개운하지 않고 피로감이 남는다. 이처럼 너무 긴 낮잠은 자칫 신체의 리듬을 깨뜨릴 수 있다. 앞으로 낮잠 시간은 15분을 기준으로 삼자.

나는 지하철을 타고 가는 이동 시간에 자주 낮잠을 잔다. 그런데 전철에 흔들리며 어설프게 조는 것이 아니라 15분 내내 잠다운 잠을 잔다.

대부분의 경우는 낮잠 전에 자기 조절 능력을 이용하여 **'지금부터 15분 동안만 낮잠을 잔다'**고 잠재의식에 명령을 내린 다음 낮잠에 들어간다. 그렇게 하면 대부분 15~20분 후에 잠이 깬다. 만약 20분 안에 지하철에서 내려야 하거나 왠지 잠이 깰 자신이 없을 때는, 휴대전화의 알람 기능을 '진동'으로 설정한 다음 바지 주머니 속에 넣어 둔다. 그러면 내릴 역을 지나치는 일이 없다.

직장인이 낮에 3시간이나 시에스타를 즐길 수는 없겠지만, 하루 15분 정도라면 이동 시간이나 점심시간을 이용해서 잠시 낮잠을 청할 수도 있을 것이다. 물론 장소가 마련되면 말이다. 그러나 아무리 15분이라고 해도 혼자서는 좀처럼 실행에 옮기기 어렵다. 동료들에게 낮잠의 효과를 알려 주고 함께 낮잠을 즐기는 건 어떨까.

2 선잠이 업무의 처리 속도를 높인다

한창 바쁠 때 눈치도 없이 밀려오는 잠을 이기지 못해 결국 자신도 모르는 사이에 선잠이 들었던 경험이 누구나 한번쯤은 있을 것이다.

앞에서 소개한 이케가야 유지 선생의 저서 『뇌는 무언가 변명을 한다脳はなにかと言い訳する』에서는 '선잠의 효과'에 대해 다음과 같이 말하고 있다.

만성적인 시간 부족으로 고민하는 직장인에게 희소식이 있다. 2004년 7월 〈네이처 뉴로사이언스Nature Neuroscience〉지에 개제된

취리히 대학의 줄리 고트셀리그(Gottselig JM) 박사의 논문이다.

그녀는 연속적으로 나열된 음을 피험자에게 암기하도록 하고 몇 시간 뒤에 그 음렬을 얼마나 정확히 기억하는지를 테스트했다. 상당히 어려운 시험이었지만, 음렬을 기억해 내기 전에 충분히 수면을 취한 피험자는 모두 높은 점수를 받았다. 수면에 의한 기억 보강 효과 때문이다.

그런데 다른 연구를 통해 더욱 놀라운 사실이 밝혀졌다. 눈을 감고 편히 쉬기만 해도 수면과 동일한 효과를 얻을 수 있다는 것이다.

즉 학습 촉진에 필요한 것은 수면 자체가 아니었던 것이다. 주변으

로부터 입력되는 정보들을 차단하면, 뇌에 정보를 정리할 여유가 주어진다. 바빠서 제대로 수면을 취하지 못했더라도 뇌에 독자적인 작업 시간을 주면 그것으로 충분하다. 그러면 와인이 저장고에서 숙성되듯 뇌의 정보는 원활하게 정리되어 숙성된다.

한편 이케가야 유지 박사의 연구에 따르면, TV를 보면서 취하는 휴식은 효과가 없다고 한다. 어디까지나 뇌를 외부 세계와 격리시키는 것이 중요하기 때문이다.

그렇다면 업무 중의 선잠이나 기분 전환을 위한 명상에도 수면과 마찬가지로 정보처리와 학습 정착의 효과가 있다는 사실을 유추할 수가 있다. 그러니 업무 중 선잠은 결코 게으름의 증거가 아니다. 업무의 처리 속도를 높여 주는 효과적인 수면법인 것이다.

점심 식사 후나 차를 타고 흔들리는 동안에는 졸음이 오게 마련이다. 앞으로는 지하철에서든 비행기에서든 이동 시간에는 적극적으로 졸거나 명상을 하자. 그러나 일을 못할 정도로 심한 졸음이 일주일에 4회 이상 반복되어 업무능률을 저하시킨다면, 저녁시간의 수면이 병적 수면이 아닌지 확인해 보아야 한다.

3 뇌의 정보처리 속도를 높이는 3분 명상법

　명상이 기억의 정리에 효과적이라는 사실은 알아도, "그런데 명상은 어떻게 하면 되지?"라거나 "명상이라, 그거 왠지 어려울 것 같은데……"와 같은 생각을 하는 독자들도 있을 것이다. 본격적인 요가 수행법에서 행하는 6~9시간이나 걸리는 명상을 떠올린다면, 명상을 어렵게만 느끼는 것도 무리가 아닐 것이다. 나 역시 그런 명상은 해본 적이 없다.

　하지만 낮에 깨어 있는 동안, 뇌 속의 기억의 정보를 처리하는 데 그렇게 대단한 명상이 필요한 것은 아니다. 여기에 친구이자 요가 지

티베트식 '3분 호흡 명상'

1. 타이머를 3분으로 맞춘다.

2. 등을 곧게 펴고 편한 자세로 앉는다.

3. 자연 호흡에 의식을 모은다. 다음 중에서 자신이 쉽게 집중할 수 있는 것으로 하나를 골라 거기에 특히 의식을 집중한다.

　① 콧구멍 언저리에서 공기가 나가고 들어오는 느낌

　② 매 호흡마다 배가 나오고 꺼지는 느낌

4. 집중하는 대상이 어느 쪽이건 호흡이 온화하고 자연스럽게 이루어지도록 한다. 무리해서 숨을 뱉거나 들이마시면 교감신경이 활성화되어 명상이 되지 않는다.

5. 숨을 '들이쉬고 내쉬는 것'을 1세트로 하여 마음속에서 1에서 5까지 수를 센다. 이것을 반복한다. 이때 잡념이 생기면 수를 세던 것을 멈추고 다시 1부터 센다. 명상 중에는 여러 가지 잡념이 떠오르게 마련이다. 잡념에 끌려가거나 거부하지 말고 중도적인 자세를 취하도록 한다.

꼬리를 물고 떠오르는 잡념은 뇌가 기억의 정보를 처리하고 있다는 표시다.

잡념이 생겨도 의식을 흐트러뜨리지 말고 ①, ② 중 어느 한 가지에 집중한다.

도자인 아사다 도모코 선생에게 배운, 누구나 쉽게 따라 할 수 있고 효과도 높은 명상법을 소개한다. 티베트식 '호흡 명상'이다.

단 3분이지만, 이 호흡 명상을 하게 되면 뇌의 정보처리 속도가 빨라지기 때문에 머리가 산뜻해진다. 아침과 오후에 한 번씩 업무 시작 전에 실천하면 업무의 효율을 높일 수 있다. 지하철 안에서도 할 수 있으므로 이동 시간을 이용해도 좋다.

4 잠들기 4시간 전부터 아무것도 먹지 않는다

양질의 수면을 취하기 위해서는 잠들기 4시간 전부터 아무것도 먹지 않는 것이 좋다. 이것이 앞으로 소개하려는 몇 가지 숙면법보다 더 중요할 수도 있다. 자기 전에 무언가를 먹으면 비만을 초래할 뿐 아니라, 먹은 것을 소화하기 위해 많은 양의 에너지가 사용된다. 그만큼 수면의 중요한 역할인 신체의 피로회복과 세포의 신진대사를 위한 에너지가 부족해진다.

따라서 밤중에 라면이나 야식을 먹게 되면, 수면 시간이 충분해도 이튿날 아침에는 속이 더부룩하고 잠이 쉽게 깨지도 않는다.

회식 후 입가심으로 라면을 즐기는 직장인이라면 반드시 주의하기 바란다.

5 양이 아니라 푸들을 세도 잠이 올까?

나는 잠자리에 누우면 1분도 되지 않아 잠이 든다. 참으로 편한 내 성격은 곧잘 남들의 부러움을 산다(웃음). 그런데 이런 나도 한 달에 며칠은 쉽게 잠을 이루지 못하곤 한다.

그럴 때는 "양 한 마리, 양 두 마리……" 하고 수를 세곤 한다. 이 고전적인 방법은 뇌의 원리와 잘 부합된다. 양의 수를 세는 길고 단조로운 작업에 뇌가 곧 싫증을 느껴 잠이 오게 되어 있다. 마치 학생 시절에 지루한 수업을 들으면 금세 꾸벅꾸벅 졸음이 오는 것과 마찬가지 현상이 일어나는 것이다. 물론 수를 세는 대상은 꼭 '양'이 아니어도 좋다. '푸들'이건 '페르시아 고양이'건 좋아하는 동물로 바꾸어도 상관없다.

조금 다른 이야기이지만, 뇌의 이러한 기능은 고속도로에도 응용되고 있다. 운전할 때 쭉 뻗은 곧은길만 장시간 달리다 보면, 우리의 뇌는 단조로운 작업에 싫증을 느끼고 곧 졸음을 유도한다. 그 때문에 졸음운전으로 인한 사고가 일어나기 쉽다. 그래서 고속도로에는 직선으로 길을 내면 거리를 줄일 수 있는 곳이라도, 졸음을 방지할 목적으로 일부러 커브를 많이 만드는 것이다.

한편 양의 수를 세는 이 방법에는 한 가지 문제점이 있다. **'양을 세면 반드시 잠이 온다'**거나 **'양을 백 마리까지만 세자'**와 같은 목적이나 목표 의식을 무의식중에 갖게 되면, 우리의 각성 중추가 양을 세는 노력을 시작하게 되어 아무리 양을 세도 잠이 오지 않는다.

인간의 의식의 힘이란 참으로 불가사의하다. 그러니 양을 셀 때는 조심하길!

6 '감사의 기도'로
하루를 마감한다

나는 매일 아침 집을 나서기 전에, 그날 하루를 위한 '감사의 기도'를 올린다. 마음속으로 가족의 이름을 부르면서, 한 사람 한 사람에게 말을 걸어 오늘 하루도 건강하게 지내기를 당부한다. 회사 직원에게는 오늘 하루도 열심히 일해 주기를 부탁하고, 특히 성과를 올린 직원에 대해서는 따로 고마움을 표시한다. 그리고 경영 파트너와 고객에게도 감사한다. 마지막으로 오늘 만나기로 약속한 모든 사람에게 "오늘도 잘 부탁드립니다"라고 말한 뒤에 집을 나선다.

나는 업무의 특성상 많은 사람들과 어울려 일을 하지만, 일하는 장소나 근무 시간이 달라 한 달에 얼굴을 한두 번밖에 보지 못하는 직원이나 경영 파트너가 많다.

매일 아침 올리는 '감사의 기도'는 나를 둘러싼 소중한 사람들을 하루에 한 번씩 마음속에서 만날 수 있게 해주는 매우 가치 있는 일이다. 늘 모두와 소통할 수 있기 때문이다. 실제로는 한 달에 한 번밖에 못 보는 직원이라도 매일 그 사람을 생각하기 때문에, 만났을 때 거리감을 느끼거나 서먹서먹한 기분이 들지 않는다. 저절로 친근하게 대하게 된다.

또 오늘 만날 사람에게 마음속으로 먼저 '잘 부탁드립니다'라고 인사를 하다 보면, 실제로 그 사람을 만났을 때 그가 이미 나를 받아들이고 있다는 느낌이 든다. 그런 기분으로 일을 하다 보니, 인간관계와 업무 성과에서 모두 좋은 결과가 나온다.

언젠가 이 이야기를 존경하는 경영인인 요시노 기오 선생께 말씀드린 적이 있다. 그랬더니 "나카이 씨, 나는 밤에도 기도한답니다"라고 하시는 것이 아닌가. "아, 그렇구나. 과연!" 나는 곧바로 밤에 할 기도 내용을 생각했다.

오늘 하루도 가족 모두가 건강하게 지낸 것을 감사합니다.
오늘 하루도 열심히 일해 준 직원에게 감사합니다.

특히 성과를 올린 직원에게 감사합니다.

경영 파트너와 고객에게도 감사합니다.

마지막으로 오늘 만난 모든 사람에게 감사합니다.

눈을 감고 나와 관계있는 모든 사람에게 진심으로 감사드리고 잠자리에 든다.

매일 밤 잠들기 전에 자신만의 감사의 기도로 하루를 마감한다면, 당신도 행복한 기분으로 단잠에 빠질 수 있을 것이다.

7 수면을 유도하는
냉온욕

낮에 짜증나고 불쾌한 일로 신경이 곤두선 날은 밤에 잠을 이루기가 쉽지 않다. 내일 할 일로 걱정이 태산일 때도 잠이 잘 오지 않는다. 이런 경험이 누구나 한 번쯤은 있을 것이다.

인간은 자율신경에 의해 혈관이나 내장(장기)의 활동을 제어하고 체내의 환경을 바로잡는다. 자율신경에는 '교감신경'과 '부교감신경'이 있는데, 이 두 가지는 하나의 기관에 대해 서로 상반된 작용을 한다. 교감신경은 깨어 있을 때나 긴장하고 있을 때 작용하고, 부교감신경은 잠잘 때나 긴장이 이완되었을 때 작용한다. 따라서 잠들기 전에

수면을 유도하는 냉온욕

1. 평소와 마찬가지로 전신을 씻고 천천히 욕조에 몸을 담근다. (부교감신경)

2. '차게 느껴지는 온도'의 물로 1분간 샤워를 한다. (교감신경)

3. 다시 욕조에 들어가 1분간 몸을 담근다. (부교감신경)

   샤워만 하는 경우에는 '기분 좋게 느껴지는 온도'의 물로 1분간 샤워를 한다.

   2~3을 1세트로 하여 3회 반복한다.

5. 마지막으로 '차게 느껴지는 온도'의 물로 1분간 샤워를 한다. (교감신경)

6. 목욕을 마친다.

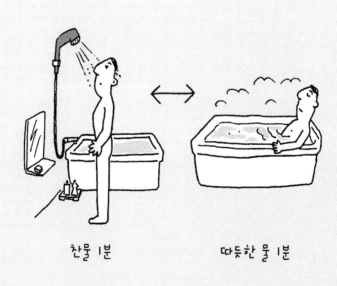

찬물 1분   따듯한 물 1분

어떤 일로 초조해하거나 걱정거리를 골똘히 생각하다 보면 교감신경이 활성화되어 잠이 오지 않게 된다.

그럴 때 내가 사용하는 방법이, 아사다 도모코 선생에게 배운 '수면을 유도하는 냉온욕'이다. 잠자리에 들기 전에 욕조에 들어가 이 방법으로 교감신경과 부교감신경을 교체하는 예행연습을 몇 차례 해 둔다. 그러면 실제로 잠자리에 들었을 때, 교감신경에서 부교감신경으로 자연스럽게 스위치를 바꿀 수 있다.

이 방법은 밤에 스포츠 중계를 보고 흥분했을 때도 효과가 있다. 꼭 한 번 시도해 보기 바란다.

8 잠들기 전 가벼운 스트레칭으로 피로를 푼다

수면 중에는 신체의 피로를 회복하기 위해 세포의 신진대사가 이루어진다. 성장호르몬이 분비되고, 낮 동안 소모된 세포가 수복 · 재생되며, 근육과 내장이 수복되어 피로가 풀리는 것이다.

이러한 신체 기능이 수면 중에 더욱 효율적으로 이루어지도록 하기 위해서는, 잠들기 전에 가벼운 스트레칭을 하는 것이 좋다. 이 역시 아사다 도모코 선생으로부터 배운 것이다.

우리는 깨어 있는 동안 다양한 자세를 취한다. 그 자세에 따라 우리 신체는 자신도 모르는 사이에 늘어나기도 하고 줄어들기도 하면서 좌

1

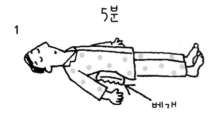

5분

베개

잠들기 전에 허리 아래에 베개를 놓고 몸을 쭉 편 자세로 5분간 누워 있는다.

2

5분

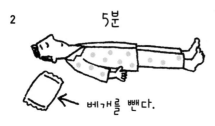

베개를 뺀다.

베개를 빼고 다시 5분간 누워 있는다.

3

양 무릎을 세우고 숨을 내쉬면서 양쪽 무릎을 천천히 오른쪽으로 기울인다.

4

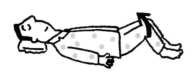

양 무릎을 원래대로 되돌린 다음 양쪽 무릎을 천천히 왼쪽으로 기울인다.

5   3〜4를 1세트로 하여 3회 반복한다.

우의 균형이 무너지게 된다. 잠들기 전에 가볍게 스트레칭을 해주면 신체의 비틀림이 바로잡히고 혈액순환이 좋아진다. 또 수면 중의 피로회복과 세포의 신진대사력이 증진되고 숙면을 유도하여, 아침에도 상쾌한 기분으로 깰 수 있다.

방법은 다음 그림처럼 매우 간단하다.

이 체조는 요나 침대 등 장소를 특별히 가리지 않는다. 게다가 스트레칭을 하는 15분 동안에 앞서 소개했던 여러 가지 실천 기법들을 실행한다면, 시간을 효율적으로 이용할 수도 있다. 허리의 스트레칭 효과도 있으므로 앉아서 일하는 시간이 긴 사람에게 특히 권하고 싶다.

자는 동안 꿈과 목표를 이루고
행복해지길…

지금까지 이 책을 읽어 주신 독자 여러분께 감사의 마음을 전한다.

프랑스 황제 나폴레옹은 하루에 3시간밖에 자지 않는 단시간 수면으로 잘 알려져 있다. 반면 천재 과학자 아인슈타인은 하루에 10시간이나 잠을 자는 장시간 수면으로 유명하다.

이 책을 다 읽고 나면 '단시간 수면과 장시간 수면 중에 어느 쪽이 더 좋을까?'라는 단순한 의문은 더 이상 품지 않을 것이다. 수면에는 수면의 질과 시간, 그 밖의 다른 조건을 함께 따져야만 설명할 수 있는 기능들이 많기 때문이다. 그중 하나로 수면에는 망각의 기능이 있다. 우리가 잠든 사이에 기억을 정리해서 '싫은 일', '걱정되는 일', '불쾌한 사건'처럼 스트레스로 작용할 수 있는 것들을 잊게 해 준다. 우리의 뇌는 본래 기억하는 것보다 망각하는 일에 더 능숙하게 되어 있다.

격무에 시달리거나 운동으로 지친 날이든, 집에서 하루 종일 빈둥

거린 날이든, 밤이 되면 어김없이 잠이 온다. 인간은 잠을 자지 않고는 살 수 없기 때문이다. 그러니 자는 동안 업무를 척척 처리하고 자신의 꿈과 목표를 이루려면 본문에서 강조한 것처럼 먼저 '6시간 이상의 숙면'을 취하기 바란다.

　성공철학 분야의 세계적 권위자 조셉 머피(Joseph Murphy) 박사는 저서 『잠자면서 성공한다(眠りながら成功する)』에서 기원을 이루기 위한 3단계를 다음과 같이 말하고 있다.

1. 문제를 전체적으로 바라본다.

2. 잠재의식만이 알고 있는 해결책을 찾는다.

3. 기원이 이루어질 것이라는 강한 확신을 갖고 잠든다.

나는 이 내용을 20여 년 전 처음으로 접하고, 이를 십여 년간 다양한 비즈니스 상황에 적용하면서 발전시키고 체계적으로 정리했다. 그것이 제4장의 '수면 레시피'다.

신체(뇌)의 구조나 원리를 거스른다면 제아무리 노력해도 뇌는 결코 당신이 하는 말을 들어 주지 않는다. 뇌의 원리를 이해하고 그 특성을 이용하는 방법으로 노력하는 편이 훨씬 더 효율적이라는 뜻이다.

몇 번이고 거듭 강조하지만, 당신의 마술 램프(잠재의식)의 힘은 무한대다. 이 책에서 제시하는 실천 기법을 충분히 활용하여, 잠자는 동안 많은 꿈과 목표를 이루고 '행복과 성공'을 거두기를 진심으로 기도한다.

마지막으로 이 책을 출판하는 데 많은 도움을 주신 분들에게 감사의 말씀을 드리고 싶다.

먼저 뇌 과학자의 입장에서 도움말을 아끼지 않으셨던 도쿄 대학 약학부의 이케가야 유지 선생님께 감사드린다. 이 책은 기획부터 완성에 이르기까지 선생님의 도움이 있기에 가능한 것이었다.

친구이자 경영 컨설턴트인 무라마츠 다츠오 선생님은 최고의 매출 증가 기법을 기꺼이 제공해 주셨다. 또한 경영인으로서 지녀야 할 '뜻(志)'을 일러주셨던 존경하는 경영인 요시노 기오 선생님께선 이 책에 많은 지혜와 조언을 주셨다. 감사드리며 더욱 강건하시고 앞으로도 많은 경영인에게 용기를 주시기 바란다.

1995년부터 줄곧 내 건강 관리를 도와준 요가 지도자 아사다 도모코 선생님은 양질의 수면을 위한 신체적인 관리를 지도해 주셨다. 덕분에 늘 건강하게 생활하고 있다.

후나이미디어의 휴가 루미코 씨는 정신적인 면에 대해 많은 도움 말을 주셨다.

NPO법인 독서보급협회의 시미즈 가츠요시 이사장, 스즈키 쇼지 사무국장을 비롯한 전국의 회원 여러분께도 늘 변함없는 성원에 깊이 감사드린다.

이 책을 출판할 기회를 주고 수고를 아끼지 않았던 오오가키 모리히로 씨, 히라노 아츠 씨, 이시노 세이치 씨, 이시노 에이치 사장님을 비롯한 아스카 출판사의 모든 분들에게도 다시 한번 감사드린다.

오늘 밤은 이 책의 모든 독자들이 '수면의 달인'이 되어, 잠자는 동안 일을 처리하고 많은 꿈을 이루는 모습을 '꿈'꾸며 자고 싶다.

모두 안녕히 주무세요.

― 나카이 다카요시

잠자는 사이에 일을 척척 해결할 수 있는 강력한 수면 레시피

부모들은 아이들에게 신나게 뛰어놀고 튼튼한 몸으로 공부도 열심히 하라고 한다. 사회도 말한다. 잠 푹 자고 건강한 신체와 맑은 정신으로 되도록 많은 양의 업무를 신속하고 정확하게 처리하라고. 당신은 등짐처럼 이고 진 업무의 무게에 짓눌려, 절대적으로 모자란 시간을 탓하고, 시간이 있어도 해결 못할 능력 부족을 원망한다. 단편적인 지식과 깊지 않은 논리의 축적만으로는 해결되지 못하는 부분이 얼마나 많은지 항변하고, 그렇다고 무조건 하고 보자는 무모한 용기는 시간과 체력의 낭비일 뿐이라고 굳게 믿는다.

그래서일까. 바쁜 현대인을 위해 되도록 짧은 시간에 큰 효과를 발휘하는 자기계발법이 최근 인기다. 요즘 들어 화두가 되고 있는 '몰입'이니, '기억력 강화'니, '긍정적 삶의 자세를 위한 자기 암시'니, '두뇌 활용의 극대화' 같은 주제들을 살펴보면 한 가지 공통점을 발견할 수 있다. 수면이다. 이런 주제들은 얼핏 수면과는 정반대의 개념으로 느껴진다. 결코 자서는 안 되며, 깨어 있더라도 등줄기 곧게 펴고 정신을 똑바로 차려야 겨우 도달할 수 있는 상태이기 때문이다. 그런데도 수면을 언급한다. 그것도 그런 목표를 이루는 방해물이 아니라, 오히려 효과를 촉진하는 중요한 요소이자 수단이라고 말이다.

이 책은 수면의 메커니즘과 기억에 관한 뇌 과학적 지식을 바탕으로, 업무를 보다 효율적으로 처리하는 실천 기법과 창조적인 아이디어 발상법을 제시하고 있다. 자신이 소망하고 추구하는 것을 되도록 빨리 실현시킬 수 있는 자기 암시법도 일러준다. 이 모든 기법을 실천하는 데 반드시 지켜야 할 전제 조건이 되는 수면을 위해 몇 가지 숙면법을 소개하는 일도 잊지 않았다.

저자는 6개 회사의 사장을 맡으면서 같은 시기에 50종류의 공직을 수행했던 범상치 않은 이력의 소유자다. 경영 면에서는 충분한 실적을 쌓았고, 시간 관리에서는 달인의 경지에 올랐으며, 이력만큼 특이하게도 대뇌생리학과 심리학에 대한 관심도 높다. 이 모든 것들이 복합되어 이루어진 강한 설득력과 실천력을 바탕으로 업무의 효율성을 높여 주는 최적의 수면 레시피를 전달한다.

잠. 건강의 척도로 여겨질 만큼 중요한 행위임에도 불구하고 어떤 때는 줄이고 쫓아내야 할 만큼 밉살스럽고 성가신 것. 적을수록 현명해 보이고 많을수록 미련해 보인다. 그러니 지금은 잠도 다이어트하는 시대다. 그러나 이렇게 당연한 행위를 장애처럼 겪으면서 고통받는 사람도 적지가 않다. 그래서 채워야 할 잠을 다 채우지 못하면 우리 건강에 언젠가 갚아야 할 '빚'으로 남는다. 초롱초롱한 눈빛으로 밤낮없이 바라만 봐도 가슴 벅찰 것 같은 우주에서도, 우주라는 특성과 우주선의 환경 때문에 수면 장애를 겪는다고 한다. 지구를 벗어나도 잠에서는 벗어날 수가 없는 모양이다.

잠을 깊게 잘 수 있는 방법이나 효율적인 업무 기법을 전달하는 서적은 많다. 이 책은 그 두 가지를 접목시켰다는 점이 특징이다. 더 큰 특징은 단순히 오랜 경영에서 얻은 경험담을 통해 들려주는 묘책이나 비결이 아니라, 또박또박 과학적 근거를 제시했다는 점이다. 이렇게 마련한 수면 레시피를 적극 활용함으로써 잠자는 사이에 일을 척척 해결할 수 있는 수면의 달인이 된다면, 단잠보다 더 달콤한 꿈의 실현과 더불어, 잠 푹 자고 건강한 신체와 맑은 정신으로 되도록 많은 양의 업무를 신속하고 정확하게 처리하라는 그 누구의 요구라도 거뜬히 들어줄 수 있는 여유를 가질 수 있을 것이라 믿는다.

– 윤 혜 림

참고문헌

1. 「進化しすぎた脳」池谷裕二 著, 朝日出版社

2. 「記憶力を強くする」池谷裕二 著, 講談社

3. 「最新脳科学が教える高校生の勉強法」池谷裕二 著, 東進ブックス

4. 「脳はなにかと言い訳する」池谷裕二 著, 祥伝社

5. 「海馬」池谷裕二・糸井重里 著, 朝日出版社

6. 「経験を盗め」糸井重里 著, 中央公論新社

7. 「脳と睡眠」井上昌次郎著, 共立出版

8. 「熟睡できる本」井上昌次郎 著, 光文社

9. 「行動としての睡眠」鳥居鎮夫著, 青土社

10. 「脳は眠らない」アンドレア・ロック 著, 講談社

11. 「マインド・ハックス」トム・スタッフォード&マット・ウェッブ 著, オライリー・ジャパン

12. 「眠りながら成功する」ジョセフ・マーフィー著, 産能大学出版部

13. 「カリスマ休育教師の常勝教育」原田隆史 著, 日経BP

14. 「すばらしい思考法」マイケル・マハルコ 著, PHP

15. 「金のたまごを生むがちょうの増やし方」村松達夫 著, ユウメディア

16. 「チベット メディテーション」キャサリン・マクドナルド 著, 日中出版

17. "全力少年" スキマスイッチ(2005/BMGファンハウス)

18. "Dreams Come True" by Naoko Terai(1999/ビデオ・アーツ・ミューヅック)

특별 부록

꿈을 이루는 수첩
SCAMPER +

*이 부분을 잘라 내거나 복사하여 수첩에 끼워 사용하십시오.

아이디어 개발 체크 시트

SCAMPER+ (스캠퍼 플러스)

S : **Substitute?** 다른 것으로 대체하면 어떨까?

① 다른 것으로 대체하면 어떨까?

② 다른 재료 · 판로 · 매체를 사용하면 어떨까?

③ 다른 사람이 하면 어떨까?

④ 다른 장소에서 하면 어떨까?

⑤ 다른 방식으로 하면 어떨까?

C : **Combine?** 결합시키면 어떨까?

① 목적을 통합하면 어떨까?

② 아이디어를 통합하면 어떨까?

③ 장점을 통합하면 어떨까?

④ 타깃을 통합하면 어떨까?

⑤ 유닛을 통합하면 어떨까?

⑥ 재료를 통합하면 어떨까?

A : **Adapt?** 응용하면 어떨까?

① 유사한 아이디어(히트 상품 · 히트 기획)를 빌리면 어떨까?

② 무엇을 따라 하면 좋을까?

③ 누구를 따라 하면 좋을까?

④ 과거에 비슷한 것은 없었나?

⑤ 어떤 상황에 내 생각을 응용할 수 있을까?

⑥ 내 전문 분야 외의 분야에서 어떤 아이디어를 추가할 수 있을까?

M : **Magnify? Modify?** 확대하거나 수정하면 어떨까?

1) **확대하면 어떨까?**

① 시간을 더 들이면 어떨까?

② 횟수를 더 늘리면 어떨까?

③ 더 강하게(높게 · 길게 · 무겁게 · 두껍게) 하면 어떨까?

④ 가치를 더 높일 수 없을까?

2) **수정하면 어떨까?**

① 무언가를 새로 바꾸면 어떨까?

② 무언가를 보충하면 어떨까?

③ 무언가를 덜어 내면 어떨까?

④ 색깔을 바꾸면 어떨까? (시각)

⑤ 모양을 바꾸면 어떨까? (시각 · 촉각)

⑥ 맛을 바꾸면 어떨까? (미각)

⑦ 향기를 바꾸면 어떨까? (후각)

⑧ 소리를 바꾸면 어떨까? (청각)

⑨ 포장을 바꾸면 어떨까? (시각 · 촉각)

P: Put to other uses? 다른 용도로 쓰면 어떨까?

① 그 밖에 다른 쓰임새는 없을까?

② 조금 수정하면 어떤 용도로 쓰일 수 있을까?

③ 다른 방향으로 발전시키면 어떨까?

④ 다른 시장에서 판매하면 어떨까?

E: Eliminate? Analyze? 삭제하거나 분해하면 어떨까?

1) 삭제하면 어떨까?

① 시간을 줄이면 어떨까?

② 횟수를 줄이면 어떨까?

③ 분할하면 어떨까?

④ 간소화하면 어떨까?

⑤ 좀 더 작게(낮게 · 짧게 · 가볍게 · 얇게) 만들면 어떨까?

2) 분해하면 어떨까?

① 목적을 작게 나누면 어떨까?

② 아이디어를 작게 나누면 어떨까?

③ 장점을 작게 나누면 어떨까?

④ 타깃을 작게 나누면 어떨까?

R: Rearrange? Reverse? 순서를 바꾸거나 반대로 하면 어떨까?

1) 순서를 바꾸면 어떨까?

① 순서를 바꾸면 어떨까?

② 패턴을 바꾸면 어떨까?

③ 레이아웃을 바꾸면 어떨까?

④ 스케줄을 바꾸면 어떨까?

⑤ 진행 속도를 바꾸면 어떨까?

⑥ 원인과 결과를 서로 바꾸면 어떨까?

2) 반대로 하면 어떨까?

① 위아래를 거꾸로 하면 어떨까?

② 입장을 바꿔 보면 어떨까?

③ 역할을 반대로 하면 어떨까?

④ 플러스와 마이너스를 바꾸면 어떨까?

⑤ 상황을 반대로 하면 어떨까?

Business Method Makes
Your Dream Comes Ture Just by Sleeping

Mon

Tue

Wed

Thu

Fri

Sat

Sun

Business Method Makes
Your Dream Comes Ture Just by Sleeping

우선순위

▶

月

Business Method Makes
Your Dream Comes Ture Just by Sleeping

Mon

Tue

Wed

Thu

Fri

Sat

Sun

Business Method Makes
Your Dream Comes Ture Just by Sleeping

우선순위

月

Business Method Makes
Your Dream Comes Ture Just by Sleeping

Mon

Tue

Wed

Thu

Fri

Sat

Sun

月

Business Method Makes
Your Dream Comes Ture Just by Sleeping

우선순위

Business Method Makes
Your Dream Comes Ture Just by Sleeping

Mon

Tue

Wed

Thu

Fri

Sat

Sun

Business Method Makes
Your Dream Comes Ture Just by Sleeping

우선순위

당신이 자는 동안 잠재의식이 대신 일하게 하라

개정판 1쇄 인쇄 | 2024년 3월 22일
개정판 1쇄 발행 | 2024년 3월 29일

지은이 | 나카이 다카요시
옮긴이 | 윤혜림
펴낸이 | 강효림

편 집 | 지유
디자인 | 주영란

용 지 | ㈜한서지업
인 쇄 | 한영문화사

펴낸곳 | 도서출판 전나무숲 檜林
출판등록 | 1994년 7월 15일 · 제10−1008호
주 소 | 10544 경기도 고양시 덕양구 으뜸로 130
          위프라임트윈타워 810호
전 화 | 02−322−7128
팩 스 | 02−325−0944
홈페이지 | www.firforest.co.kr
이메일 | forest@firforest.co.kr

ISBN | 979−11−93226−42−1 (13190)